Freya Jaffke

Tiere für Puppenspiele

Arbeitsmaterial aus den Waldorfkindergärten

24

Herausgegeben von der

Vereinigung der Waldorfkindergärten

Freya Jaffke

Tiere für Puppenspiele

Wickeltechnik mit Filznadel

Verlag Freies Geistesleben

100 JAHRE WALDORF KINDER GÄRTEN

www.waldorfkindergarten.de

3. Auflage 2026

Verlag Freies Geistesleben
Landhausstraße 82, 70190 Stuttgart
www.geistesleben.de

ISBN 3-7725-2324-3

Bei Fragen zur Produktsicherheit wenden Sie sich bitte an info@geistesleben.com
Fotos: Thomas Klink, Karl Dabrowski (29), Wolfgang Kunz / Bilderberg (69),
J.-L. Klein & M.-L. Hubert /Okapia (70), Dircksen, Tierkunde, München 1970 (72-75)
Einband: Thomas Neuerer unter Verwendung eines Fotos von Thomas Klink
Druck: GCC Grafisches Centrum Cuno, Calbe
Printed in Germany

Inhalt

Vorwort

Im Jahr 2006, dem Jubiläumsjahr von 100 Jahre Waldorfkindergarten, und in einer Zeit, in der vieles auch im Internet zu finden ist, könnte die Frage gestellt werden, ob es Bücher wie dieses noch braucht und ob die angegebenen Anleitungen noch zeitgemäß sind.

Diese Tiere sind sehr bereichernd für die Fantasie, weil sie schon durch die verwendete Rohwolle zum innerlichen Ergänzen anregen. Diesem Buch kommt zudem eine Sonderstellung zu, weil das Filzen mit der Nadel keine Tätigkeit für den Alltag mit den Kindern ist und sie die Tiere erst nach ihrer Vollendung sehen.

Hier soll Freya Jaffke selbst zu Wort kommen:

«Die in diesem Buch beschriebenen Tiere sind besonders geeignet für szenische Stehpuppen- oder Marionettenspiele. Bei der Auswahl der Tiere haben wir uns vor allem an den Geschichten in dem Buch *Kleine Märchen und Geschichten* orientiert, die sich für Puppenspiele sehr bewährt haben.

Für den täglichen Gebrauch, etwa mit der Kinderhand, ist diese Art von Tieren nicht zu empfehlen, denn sie würden rasch ihre Schönheit verlieren. Da sind eher die gestrickten oder genähten oder die aus einem Tuch geschickt geknoteten Tiere geeignet (siehe *Spielzeug – von Eltern selbst gemacht*).

Die eingestreuten Gruppenfotos zeigen alle Tierfiguren jeweils von einer ganzen Geschichte. Zur Vervollständigung des Bildes wurden hier auch die Menschenfiguren dazugestellt. Die Herstellung von Stehpuppen ist in den Büchern *Spielzeug – von Eltern selbst gemacht* und *Puppenspiel* beschrieben.

In der Hoffnung, dass durch dieses Tierbuch das szenische Puppenspiel bereichert werde, möge es den Weg in viele Puppenspielwerkstätten, d.h. Elternhäuser und Kindergärten, finden.»

Jede neue Ausgabe wurde von Freya Jaffke (1937–2021) zeitlebens sorgfältig überarbeitet. Diese Aufgabe hat sie mir übertragen.

Birgit Krohmer, 2026

Arbeitsanleitung für Tiere mit Drahtgestell

Einführung

Bevor wir mit der Herstellung eines Tieres beginnen, ist es ratsam, sich das Wesenhafte des jeweiligen Tieres zum Erleben zu bringen. Da sind Abbildungen z.B. auf Kunstpostkarten oder in Tierbüchern sehr hilfreich. Es kommt bei der Herstellung nicht auf eine perfekte naturgetreue Nachbildung eines Tieres an, sondern darauf, dass es uns gelingt, das Charakteristische des Tieres zum Ausdruck zu bringen. Dann wird im Betrachter – vor allem im kleinen Kind – die Fähigkeit und Freude geweckt, durch seine lebendige Fantasiekraft sich mit dem Wesen des Tieres zu verbinden. Daher ist es empfehlenswert, auf so manche Details in der Ausarbeitung zu verzichten und sich z.B. auf die Proportionen und die typische Haltung eines Tieres zu konzentrieren.

Wenn Kinder sich unserer Arbeit zugesellen, so werden sie unter Umständen spontan große Lust empfinden, auch ein Tierchen zu machen. Mit ein paar Biegeplüschresten und etwas Wolle werden sie mit ihrer der Altersstufe entsprechenden Fähigkeit und individuellen Geschicklichkeit eigene Gebilde «zaubern». Wir lassen sie in ihrem schöpferischen Vorgehen möglichst ganz frei und geben nur – wenn sie fragen – ein hilfreiches Wort. Äußerlich zurückhaltend, aber mit größter Freude und liebevollem Interesse begleiten wir das kindliche Tun und beflügeln auf diese Weise die Schaffenslust. Das Kind wird sich je nach Alter an unserem Tun mehr und mehr orientieren wollen. Es lernt aber auch, wenn wir es in Ruhe arbeiten lassen und jegliche Ansprüche vermeiden, mit seinen eigenen Kreaturen tief befriedigt zu sein.

Nach meiner Erfahrung im Kindergarten waren es vor allem die größeren Kinder, die sich solch eine Arbeit vornahmen. Die jüngeren Kinder begnügten sich stets damit, aus einigen Wollflöckchen mithilfe von wenigen Nähstichen eigene Gebilde zu formen und anschließend entsprechend zu benennen.

Die Tiere mit Drahtgestell (nicht Biegeplüsch) beginnt man am besten *nicht* im Beisein von Kindern. Der Anblick des «nackten» Drahtes und auch des Gestells ist nicht so schön. Aber wenn schon die ersten Wollschichten umwickelt sind, können die Kinder gut erleben, wie langsam das Tier seine Gestalt erhält.

Die Tiere aus Biegeplüsch sind klein und haben schon als Gestell ein bisschen «Hülle».

Wenn wir bei unserer Arbeit die Filznadel verwenden, so benützen wir sie vor allem, um zum Schluss die überlappenden Wollflocken zu befestigen und um eine bestimmte Form noch ein wenig besser herauszuholen.

***Achtung:* Niemals sollten wir in Gegenwart von Kindergartenkindern mit der Filznadel arbeiten. Siehe hierzu das Kapitel «Arbeiten mit der Filznadel», S. 15.**

Das Material

- Spanndraht (1), kunststoffummantelt, mit verzinktem Kern, 1,4 mm Ø
- Biegeplüsch (2)
- ungesponnene Schafwolle vom Vlies in der jeweils typischen Farbe des Tieres (3)
- eventuell Nähseide in verschiedenen Farben (4)

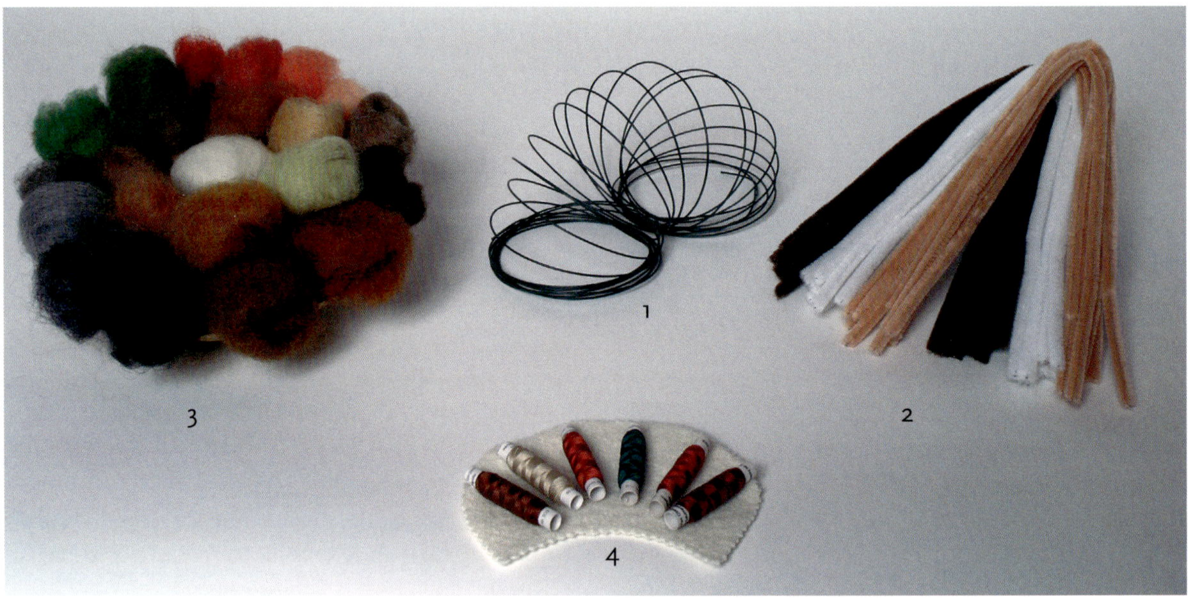

Das Werkzeug

- kleine Beißzangen (1)
- kleine Flachzange (2)
- Zentimetermaß
- Teppichnadel (3) mit stumpfer Spitze und dickem Öhr
- Sacknadel (4)
- Stopfnadeln mit Spitze und dickem Öhr (5)
- Filznadel (6)
- evtl. Häkelnadel (7)
- Nähnadel (8)

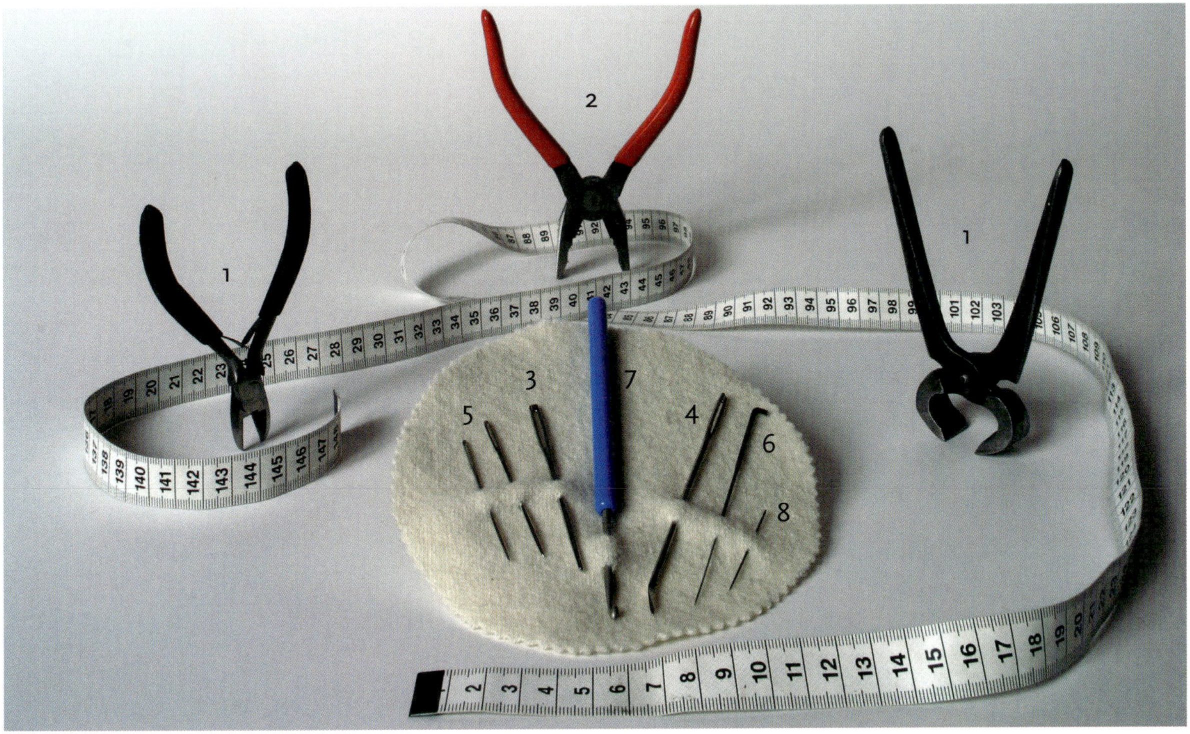

Das Drahtgestell (Grundmodell)

Bei der Erstellung eines Drahtgestells orientieren wir uns grundsätzlich am jeweiligen Knochenbau des Tieres.

Das im Folgenden beschriebene Grundmodell, das für viele Tiere anwendbar ist, zeigt nur die allgemeine Vorgehensweise. Deshalb sind hier auch keine Maße zu finden. Diese sind neben einigen besonderen Hinweisen bei den einzelnen Tieren angegeben.

Wir beginnen mit dem Gestell, indem wir die für ein bestimmtes Tier angegebene Gesamtlänge des Drahtes auf die Hälfte biegen, die Kopfschlinge formen und dann die beiden Drähte so lange umeinander drehen, wie es die angegebene Halslänge erfordert.

Mit einem scharfen Knick biegen wir die Drähte abwärts und formen die Schlingen für die Vorderbeine (1).

Am Punkt a kreuzen wir die Drähte, und zwar vor dem Hals. Dann führen wir sie rechts und links am Hals vorbei und verdrehen sie noch einmal (2).

Jetzt formen wir die Bauchschlinge nach angegebenem Maß, verdrehen wieder die Drähte und führen sie dann abwärts in die Hinterbeine und wieder hinauf zu Punkt b. Die verbleibenden Enden wickeln wir um die Bauchdrähte (3).

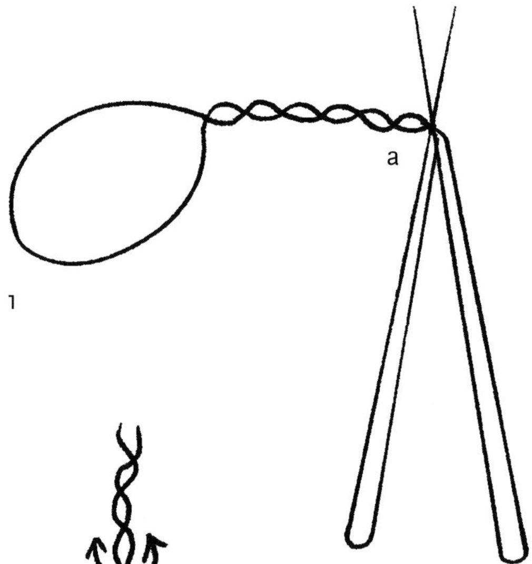

1

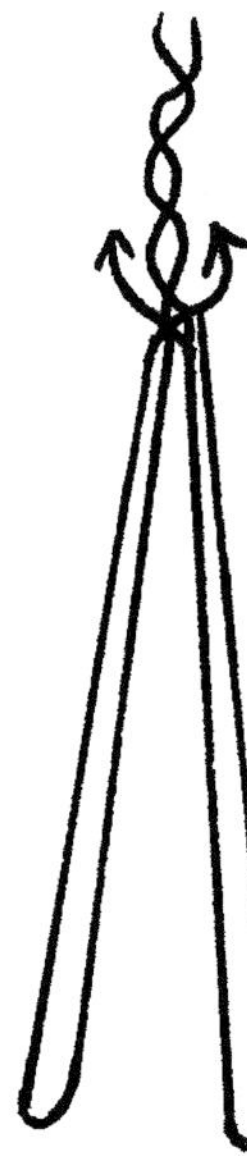

von vorne gesehen

2

Bevor wir nun mit dem Umwickeln beginnen, formen wir den Kopf noch ein wenig mit der jeweils typischen Schnauze, beispielsweise für einen Hund (4).

Bei den Zeichnungen der folgenden einzelnen Drahtgestelle wurde übersichtshalber nur jeweils ein Vorder- und ein Hinterbein gezeichnet. Es geht dabei hauptsächlich um die Maßangaben.

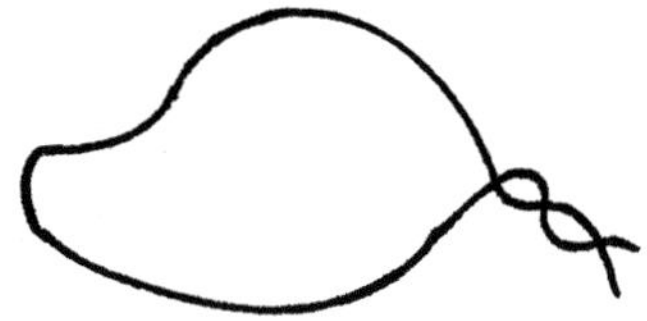

4

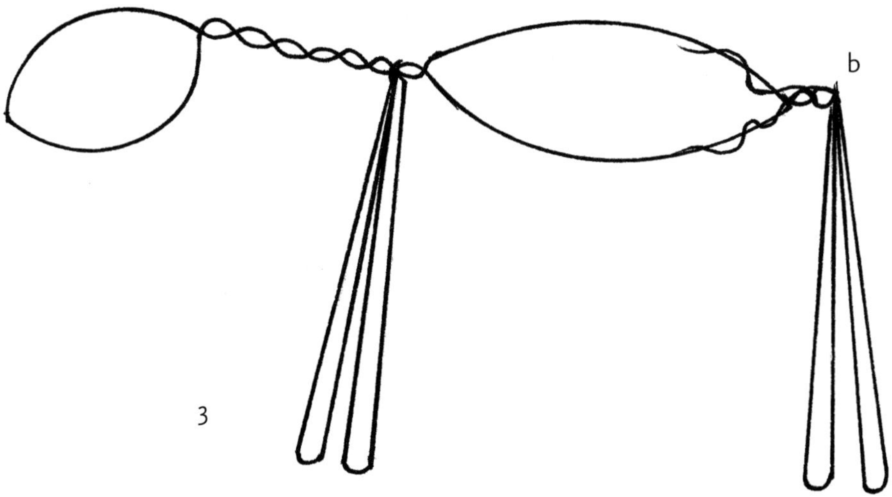

b

3

Umwickeln des Drahtgestells mit Schafwolle

Beine

Mit einem dünnen Wollstrang (ca. 30 cm Länge) umwickeln wir zuerst die Fußschlaufen, eventuell unter Zuhilfenahme einer dicken Teppichnadel oder Häkelnadel. Die Wollsträngchen sollten sich beim Umwickeln nicht in sich verdrehen (1).

Wenn kein Draht mehr zu sehen ist, biegen wir die Schlingen fest zusammen und umwickeln sie noch einmal im Ganzen, ehe dann die Beine weiter fest und gleichmäßig umwickelt werden. Die eventuell verbleibenden Wollstränge können um den Hals oder den Bauch gewickelt werden.

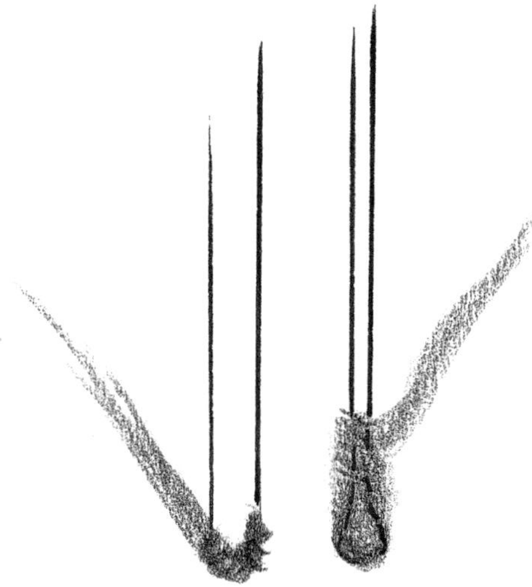

1

Kopf und Hals

Zuerst umwickeln wir die Kopfschlinge fest an der Schnauze, wie bei dem Fuß, mit einem dünnen Wollstrang und dann noch einmal die Schnauze im Ganzen. Anschließend füllen wir die Kopfschlinge mit Achterschlaufen. (Dadurch rutscht die Wolle beim weiteren Wickeln nicht so leicht ab.) (2)

Wenn wir jetzt Kopf und Hals weiter umwickeln, achten wir darauf, dass die für das jeweilige Tier typische Form entsteht.

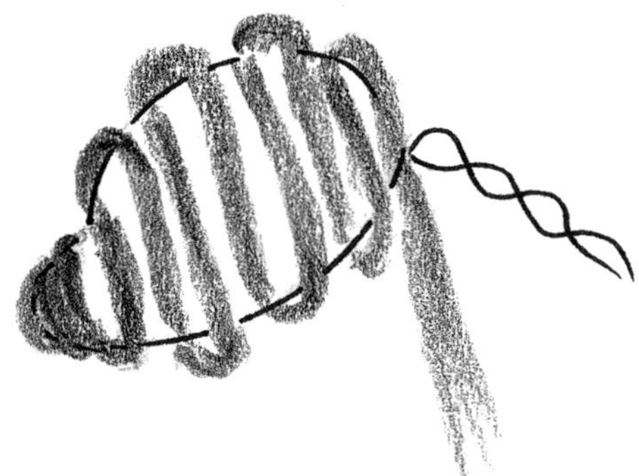

2

Stets sollten wir auch bei dem Umwickeln die Gesamtproportion des entstehenden Tieres im Auge behalten.

3

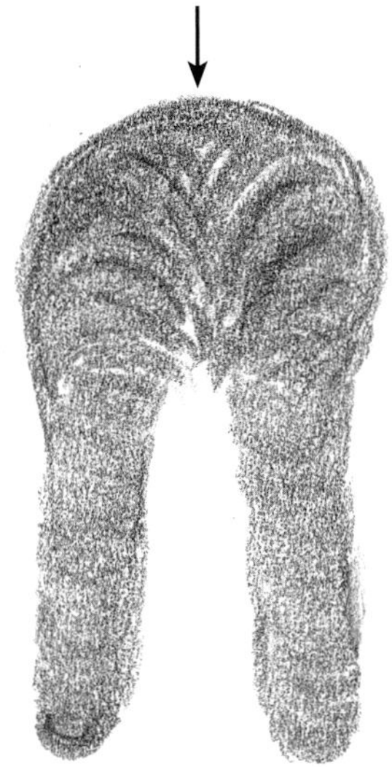

Rumpf

Den Rumpf umwickeln wir im Ganzen, nachdem unter Umständen vorher mit einem dünnen Wollstrang die Bauchschlinge mit Achterschlaufen wie beim Kopf ausgefüllt wurde.

Zum «Plastizieren» eines Überganges, z.B. von einem Oberschenkel zum Bauch, vom Hals zu den Vorderbeinen, vom Rücken zu den Hinterbeinen, verwenden wir dünne Wollflocken, die wir am Ende ganz dünn auseinander zupfen und gleichmäßig verstreichen.

Nach mehrmaligem Umwickeln des Körpers mit einer ca. 3 – 4 cm breiten Wollflocke ziehen wir die oberste Wollschicht des Hinterteils zwischen den Hinterbeinen zum Bauch hin durch, wo sie mit einem Nähstich oder der Filznadel befestigt wird. So entsteht ein schönes Hinterteil. (3)

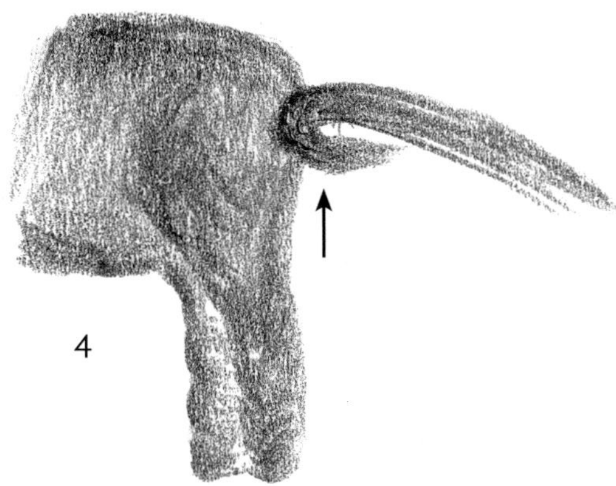

4

Schwanz

Den Schwanz ziehen wir mit einer dicken Nadel ein. Das untere Ende zupfen wir bis auf ca. 2 – 3 cm ab und verfilzen es mit dem darüber liegenden

Strang (4). Jetzt zupfen wir den Schwanz in die erforderliche Länge und Dicke und verfilzen ihn gegebenenfalls zwischen den Fingern oder mit der Filznadel. Er kann auch mit wenigen Stichen angenäht werden.

Ohren

Mit einer sehr dicken Nadel ziehen wir eine Wollflocke an entsprechender Stelle durch den Kopf und zupfen sie anschließend auf die notwendige Größe aus. Damit die Ohren gut stehen, reiben (filzen) wir sie zwischen den Fingerspitzen. Mit der Filznadel lassen sie sich auch sehr schön in Form bringen, wenn man zunächst ganz sanft von den Seiten und zum Schluss vorsichtig die Spitze von oben einfilzt.

Zum Schluss

Zuletzt schauen wir noch einmal genau die ganze Oberfläche an und entfernen eventuelle Flusen oder Strohstückchen, damit ein gleichmäßiges Fell entsteht.

Manche Stellen, die eventuell zu locker geraten sind, bearbeiten wir noch ein wenig mit der Filznadel, aber bitte *nicht* in Gegenwart von Kindern!

Gestelle mit Biegeplüsch

Kleine Tiere lassen sich gut mit Biegeplüschgestellen arbeiten. Für größere Tiere, z.B. Esel, Reh und Bär, ist eher der Draht zu empfehlen, weil sie dann stabiler und fester werden. Die Vorgehensweise ist genauso wie bei dem oben beschriebenen Drahtgestell.

Biegeplüsch lässt sich sehr leicht biegen, und durch den Plüsch hält die Wolle beim Umwickeln von Anfang an gut.

Die angegebenen Maße gelten hier jeweils von Draht zu Draht in der Mitte und nicht von dem umgebenden Plüsch!

Aus Sicherheitsgründen biegen wir die Enden – wo es nötig ist – mit der Flachzange jeweils ca. 2 – 4 mm um.

Wir nehmen je nach Angabe zwei Stücke. Mit dem einen Stück des Biegeplüsches formen wir den Kopf, den Hals und die Vorderbeine (1) (Zeichnung siehe S. 38, «kleines Böckchen»).

Das zweite Stück Biegeplüsch knicken wir auf die Hälfte und legen es um das Ende des Halses (2). Eine oder eineinhalb feste Umdrehungen ausführen. Es soll nicht wackeln. Nach der Bauchschlinge die Enden wieder eineinhalbmal umdrehen und die Hinterbeine formen (3).

Mit Wolle umwickeln (siehe S. 12).

Arbeiten mit der Filznadel

Mit der Filznadel müssen wir sehr vorsichtig und behutsam umgehen. Damit wir uns an der sehr feinen Spitze nicht verletzen, achten wir darauf, dass Hand und Finger nie unter dem Filzstück sind (eventuell ein Stück Schaumstoff oder einen Schwamm unterlegen).

Besonders hilfreich ist die Filznadel beispielsweise, wenn wir nach dem Umwickeln von Figuren überlappende Wollschichten sichern wollen oder wenn wir zum Schluss bei einer Tierfigur die Schnauze noch etwas typischer herausarbeiten möchten.

Hinweis: Wir achten darauf, dass wir beim Einstechen immer gerade stechen, da die Filznadel sonst leicht durchbricht.

… nicht in Gegenwart von Kindern

Die Filznadel ist inzwischen so populär, dass sie bedenkenlos überall eingesetzt wird. Kindergartenkinder sollten aber diese Arbeit nicht miterleben! Wir müssen uns zum Bewusstsein bringen, dass kleinere Kinder alle Vorgänge in ihrer Umgebung bis tief in ihre Innerlichkeit hinein miterleben. So fühlen sie unmittelbar den Schmerz, wenn in die Figuren mit der Filznadel hineingestochen wird. Ihre Fantasiekraft ist – gesunde Entwicklung vorausgesetzt – noch so lebendig und ihr Mitfühlen so zart, dass sie das Stechen wie einen eigenen Schmerz mitempfinden.

Jüngste Erfahrungen von Beobachtungen an Orten, an denen die obige Tatsache nicht berücksichtigt wurde, veranlassen uns, mit allem Nachdruck darauf hinzuweisen, dass die Filznadelarbeit **nicht in Gegenwart von Kindern** durchgeführt werden sollte. Wenn Kinder spontan äußern: «… das tut doch dem Eselchen weh …», oder «… jetzt blutet es gleich …», so ist das eine ganz natürliche, gesunde und altersentsprechende Reaktion. Sie hat nichts mit Sentimentalität zu tun. Vielmehr lässt sie uns erkennen, wie das Kind mit seiner Umgebung noch engstens verbunden ist und alles Geschehen am eigenen Leibe mit- und nachempfindet.

So hoffen wir, dass alle Eltern und Kollegen, die nach den Anleitungen dieses Buches Figuren herstellen, unseren Appell beherzigen und verhindern, dass Kinder mit inneren Nöten konfrontiert werden. Es ist auch nicht auszuschließen, dass Kinder durch so ein Filznadelerlebnis verleitet werden, Tiere in ihrer natürlichen Umgebung zu quälen, mit anderen Worten, dass ihre liebevolle Beziehung zu den Tieren in der Natur, die wir doch stets bemüht sind aufzubauen und zu pflegen, gestört wird.

Bär

Material:

125 cm Draht
ca. 30 g braune Vlieswolle

Nach den angegebenen Maßen (für einen etwas größeren Bär sind die Maße in Klammern angegeben) fertigen wir das Drahtgestell (siehe auch Grundmodell, S. 10).

Der Bär fordert uns etwas mehr Geduld und Geschick ab als die anderen, vor allem die kleineren Tiere. Es dauert eine Weile, bis der Kopf, die Beine und schließlich der Rumpf dick genug sind. Man muss immer wieder die ganze Proportion betrachten. Wenn die Beine dick genug erscheinen, können die Füße leicht nach vorne gebogen werden, wodurch gleich sehr viel am Erscheinungsbild verbessert wird.

Wir achten beim Umwickeln auch ganz besonders darauf, dass die **Beine** zum Rumpf hin dick genug werden und ein guter Übergang entsteht.

Der **Kopf** ist ziemlich breit und rundlich.

Die schmale **Schnauze** können wir zum Schluss mit der Filznadel formen.

Die **Ohren** sind eher rund und pelzig.

Der **Schwanz** ist kurz und auch pelzig (ca. 3,5 cm lang).

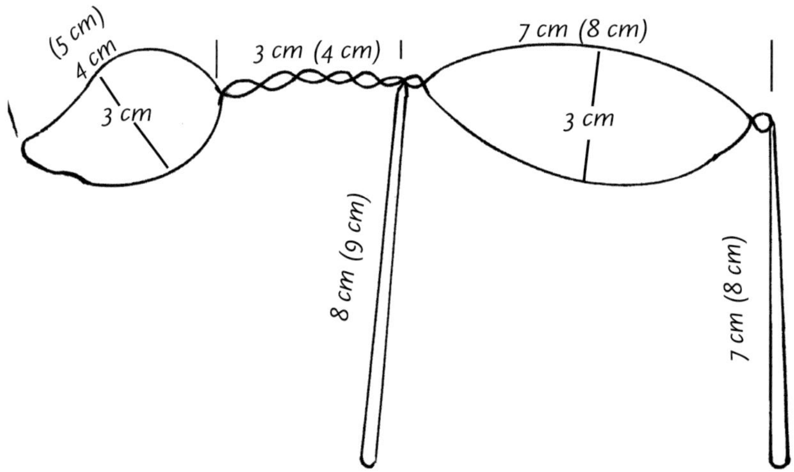

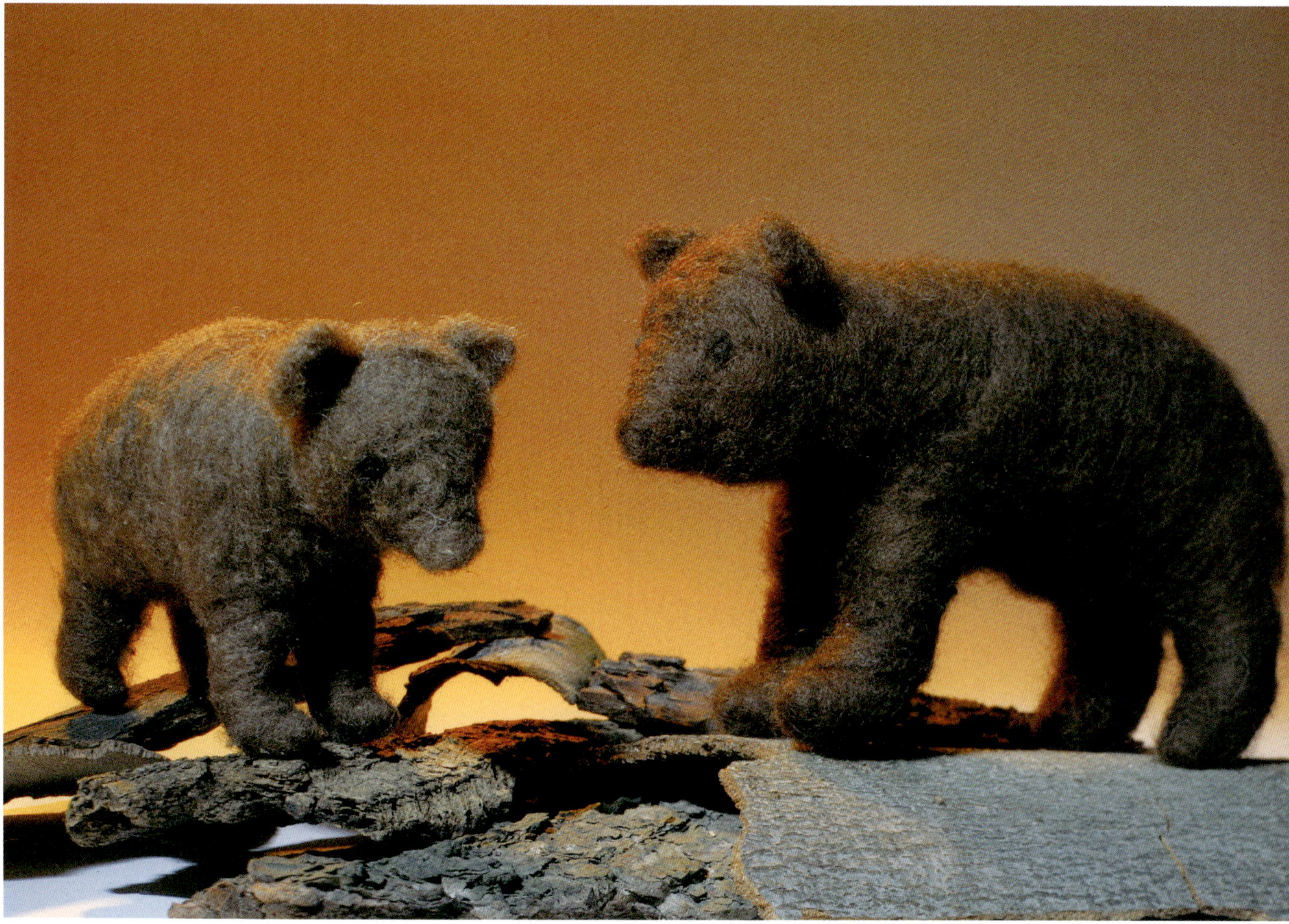

Esel

Für die Geschichte «Das Häschen und die Rübe»[5] oder für die Weihnachtskrippe brauchen wir ein Eselchen.

Material:

ca. 1,05 m Draht
ca. 30 g graue Vlieswolle
1 dünner kleiner Strang braune Wolle für Mähne, Kreuz und Schwanz

Das Drahtgestell fertigen wir nach unten stehenden Maßen an (siehe Grundmodell, S. 10). Wir achten darauf, dass der obere Bogen der Bauchschlinge – das Rückgrat – eher etwas gerade verläuft. Im Gegensatz zum Pferd verläuft der Hals in Fortsetzung der Wirbelsäule fast horizontal.

An dem verhältnismäßig langen Eselskopf formen wir schon ein wenig die Schnauze. Nun beginnen wir mit dem Umwickeln (siehe auch S. 12).

Hufe und Schnauze umwickeln wir verhältnismäßig dick, bevor wir sie zusammendrücken und dann noch einmal im Ganzen umwickeln, damit die Füße nicht spitz werden.

Wenn uns nach dem Umwickeln die ganze Eselsgestalt befriedigt – wir vergleichen sie auch noch einmal mit verschiedenen Abbildungen –, ziehen wir die **Ohren** ein. Diese sind beim Esel verhältnismäßig lang, hier ca. 3,5 cm (nach dem Filzen).

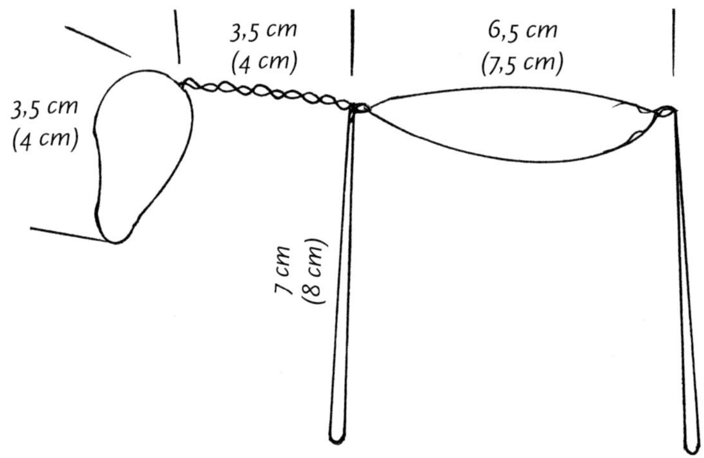

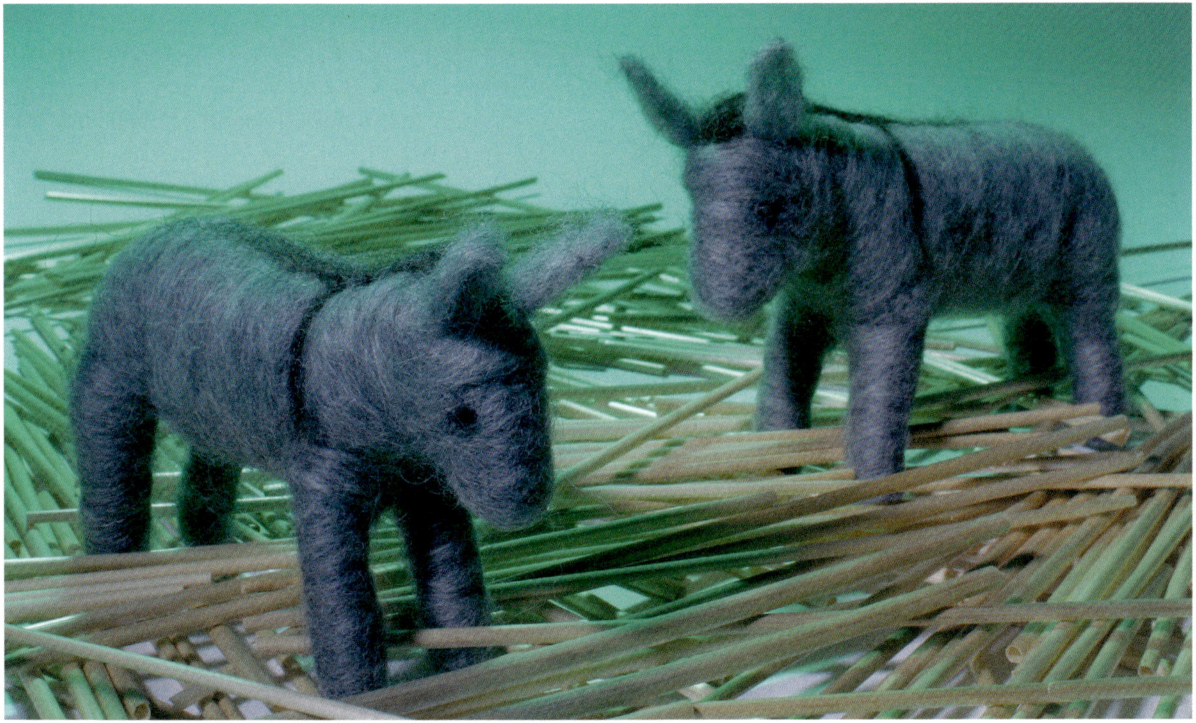

Mähne und Kreuz

Mit einem feinen, braunen Wollsträngchen – die Enden laufen dünn aus – heften oder filzen wir dem Eselchen das Kreuz auf den Rücken, etwa über den Vorderbeinen.

Ein etwas dickeres braunes Strängchen befestigen wir als Mähne. Es läuft etwa in der Mitte des Rückens ganz dünn aus.

Ein winziges braunes Wollflüschen befestigen wir zum Schluss als Quaste am Schwanzende. Wer will, kann dem Eselchen Augen geben.

Ochs / Stier mit Stern

Material:

120 cm Draht
8 cm Biegeplüsch für die Hörner
ca. 40 g braune Vlieswolle

Nach unten stehenden Maßen fertigen wir das Drahtgestell an (siehe Grundmodell, S. 10). Den Kopfdraht drehen wir im Gegensatz zu den anderen Tieren so, dass der Draht nicht von der Stirn über die «Nase» zum Maul verläuft, sondern rechts und links die «Backen» begrenzt. So entsteht sehr schön der breite **Kopf** des Ochsen.

Beim Umwickeln achten wir ganz besonders darauf, dass die **Beine** nach oben zu kräftig genug werden und ein guter Übergang zum Rumpf entsteht.

Die **Ohren** sitzen seitlich am Kopf und sind ein wenig spitz.

Am Biegeplüsch für die Hörner sind an beiden Enden je 4 mm mit der Flachzange umgebogen. Wir wickeln die Hörner mit einer äußerst dünnen Flocke, unter Umständen in einem helleren Farbton, von der Spitze zur Mitte dicker werdend.

Zum Schluss umwickeln wir die Mitte mit einem dünnen Flöckchen in der Körperfarbe, biegen die **Hörner** in die entsprechende Form und befestigen sie an der Stirn etwas vor den Ohren.

Als Letztes ziehen wir den **Schwanz** ein und filzen ihn zwischen den Händen.

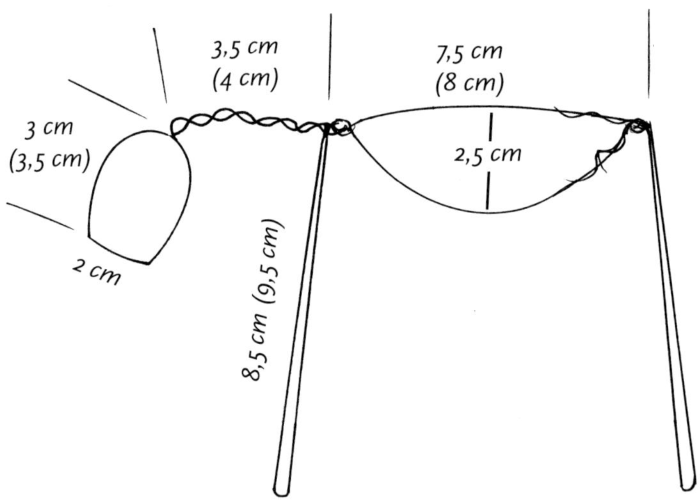

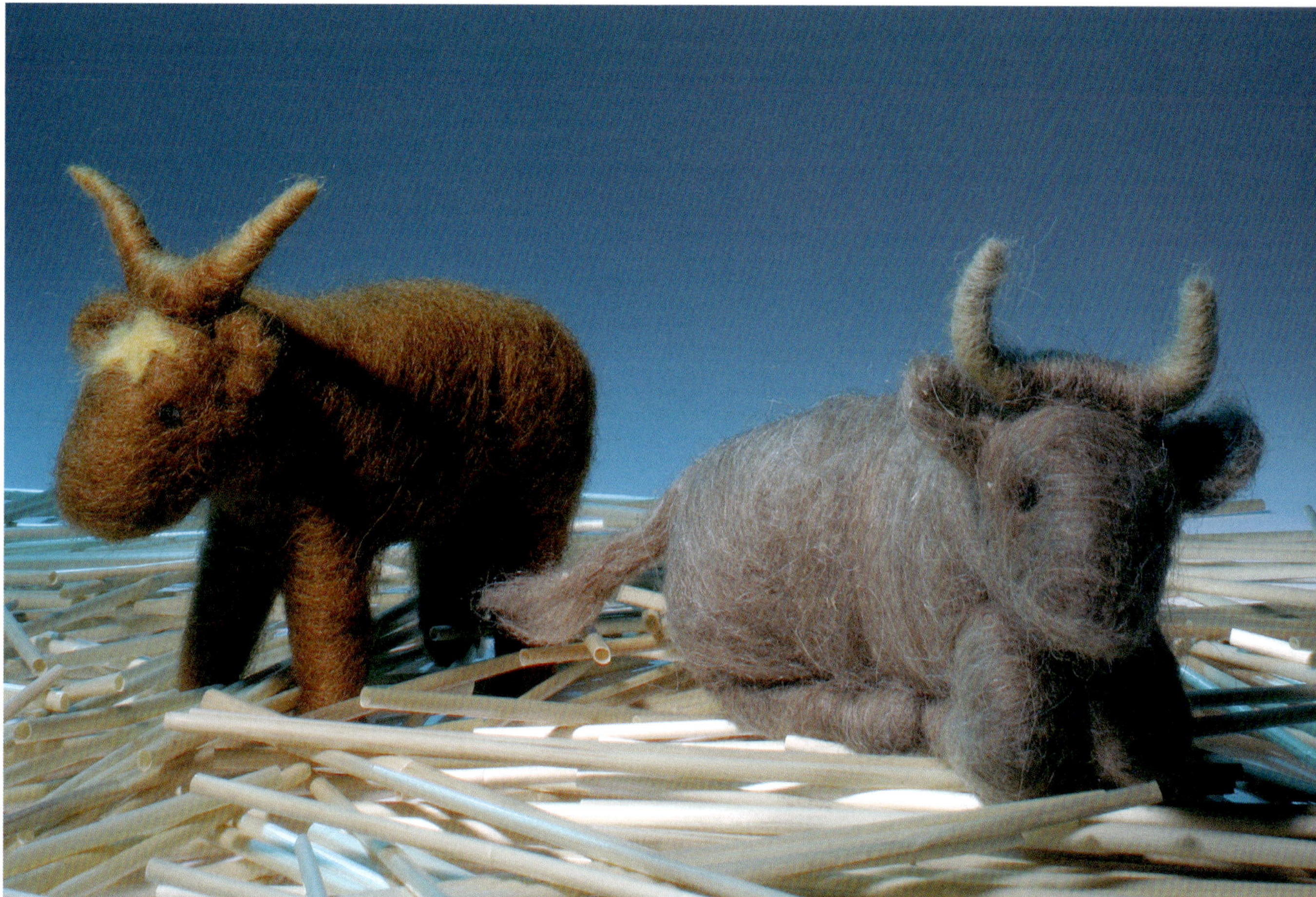

Der Stier mit Stern gehört zu der Geschichte «Die Königstocher in der Flammenburg».[1]

Pferd

Material:

130 (115) cm Draht
40 (25) g Vlieswolle

Die Farbe, die für das Pferd gewählt wird, ist oft schon in der Geschichte genannt. Das Rot des Rössleins z.B. entspricht seinem feurigen Temperament in der Geschichte «Vom Büblein ...».[1]

Nach unten stehenden Maßen fertigen wir das Drahtgestell an (siehe auch Grundmodell, S. 10) und umwickeln es.

Die **Ohren** sind ca. 2 (1,8) cm lang, etwas spitz und stehen gerade hoch.

Mähne und **Schwanz** heben sich im Farbton etwas ab, sie werden mit wenigen Stichen oder der Filznadel befestigt.

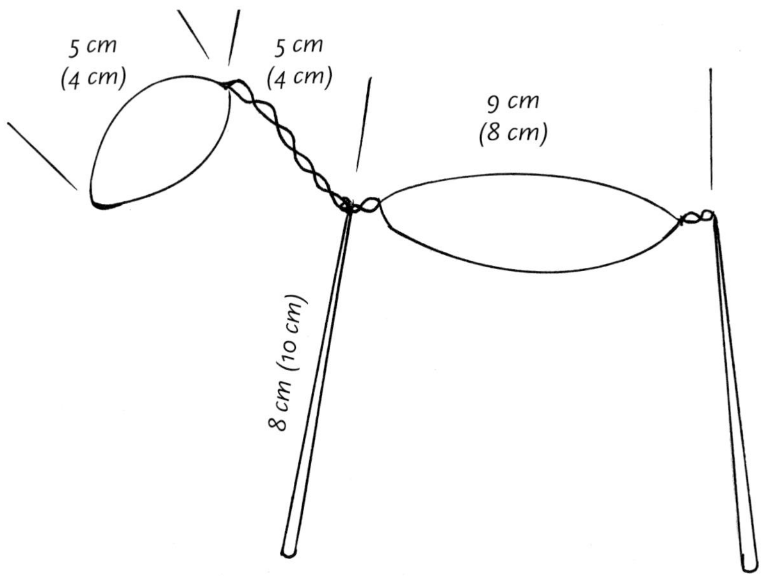

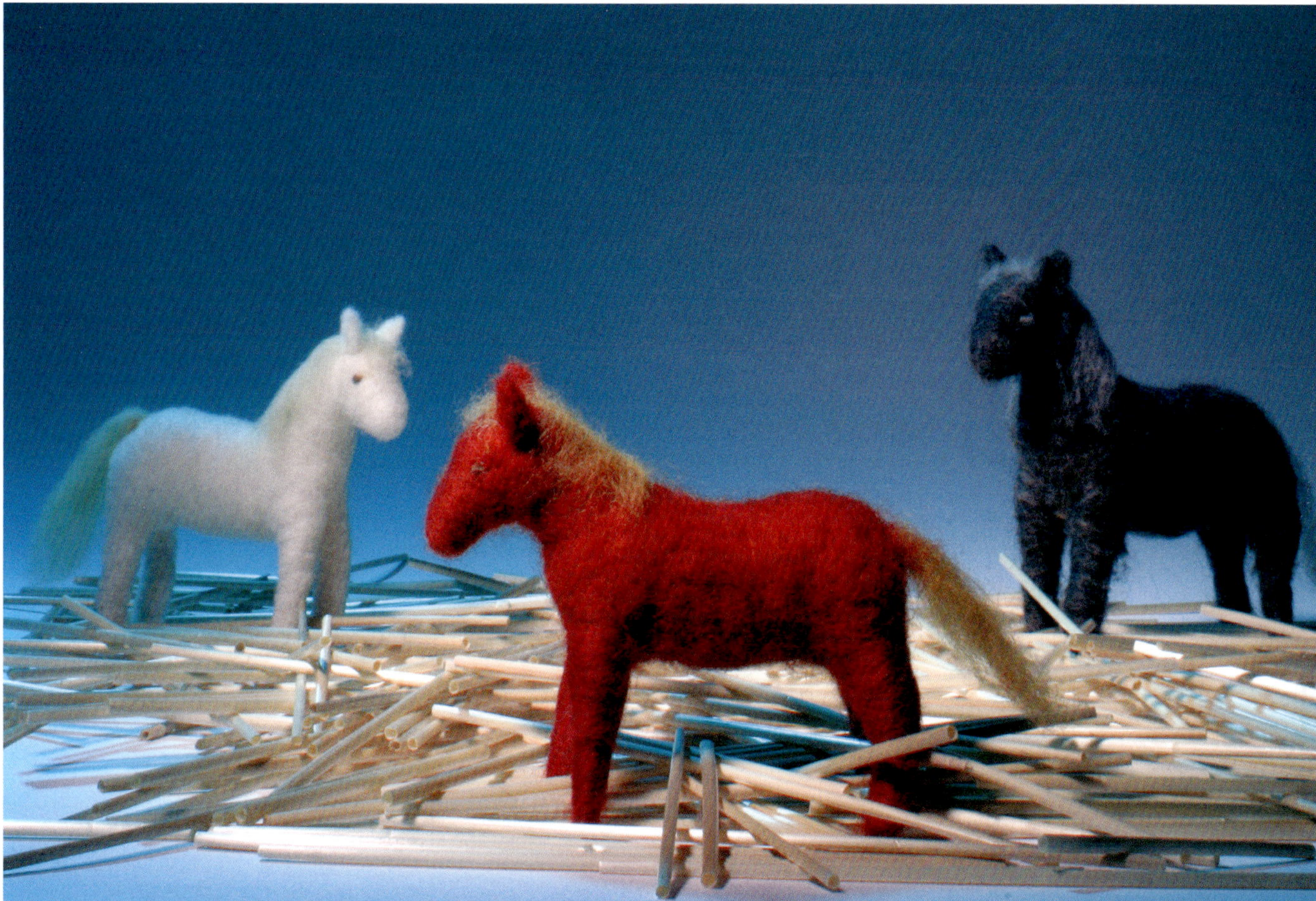

Schwein

Material:

50 (45) cm Biegeplüsch
5 – 10 g rosa Vlieswolle

Das Drahtgestell fertigen wir nach unten stehender Zeichnung (siehe auch Grundmodell, S. 10). Die verschiedenen Maßangaben entsprechen den verschiedenen Größen.

Beim Umwickeln achten wir darauf, dass die Schnauzenschlaufe an der Spitze gut umwickelt ist, ehe wir sie ein wenig zusammendrücken und noch einmal im Ganzen umwickeln. Beim weiteren Umwickeln folgen wir den Angaben des Grundmodells (siehe S. 12).

Die **Ohren** hängen nach vorne abwärts.

Das **Ringelschwänzchen** heften wir mit wenigen Stichen oder der Filznadel an.

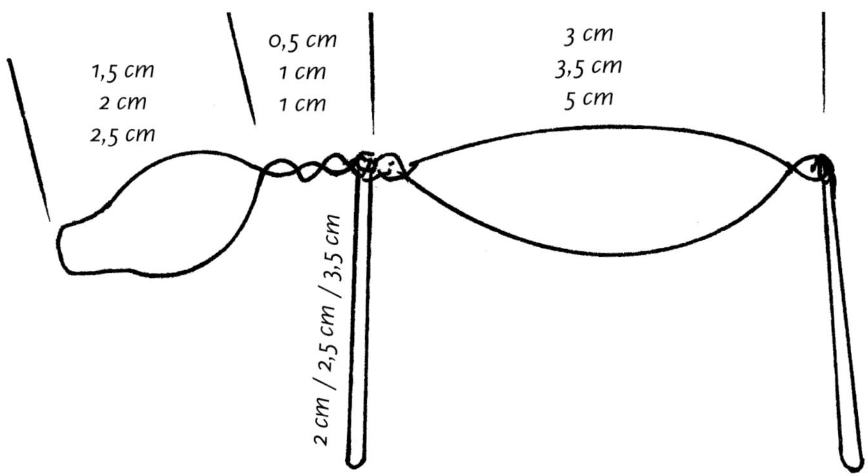

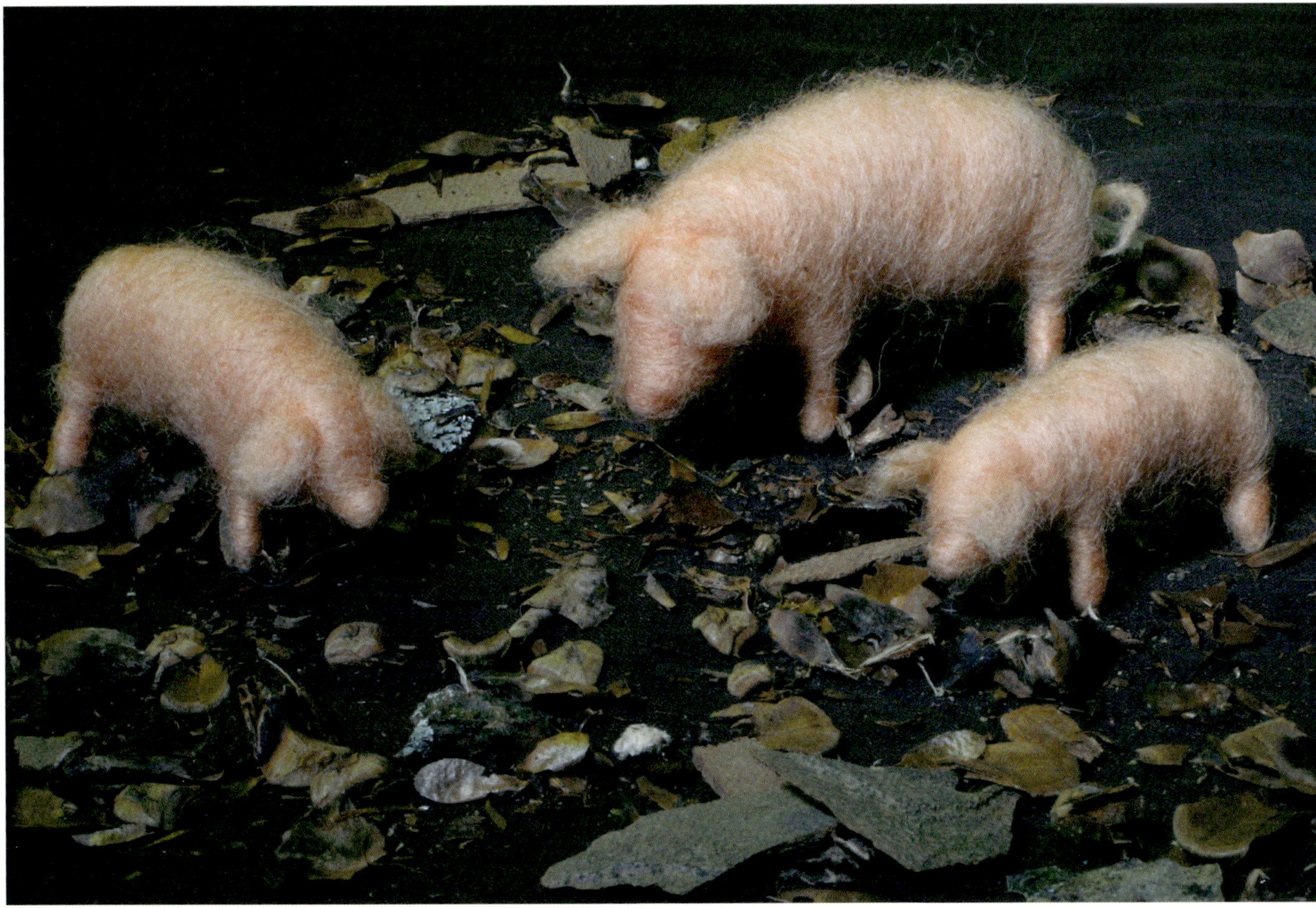

Hund

Material:

60 cm Biegeplüsch
ca. 10 g braune Vlieswolle

Nach unten stehenden Maßen fertigen wir das Drahtgestell an und umwickeln es (siehe Grundmodell, S. 10 und S. 12).

Die **Schnauze** ist schmal und etwas mehr als die Hälfte des ganzen Kopfes lang.

Die **Ohren** sind ca. 1,5 cm lang und spitz und stehen gerade hoch. Sie können zwischen den Fingern oder mit der Filznadel gefilzt werden.

Zuletzt befestigen wir den **Schwanz**.

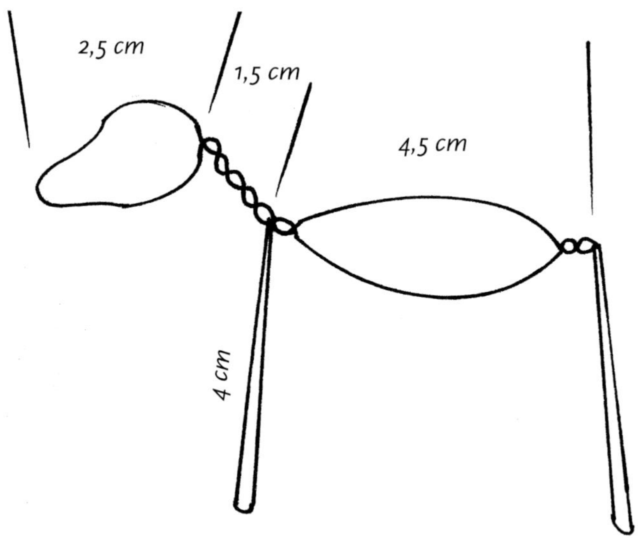

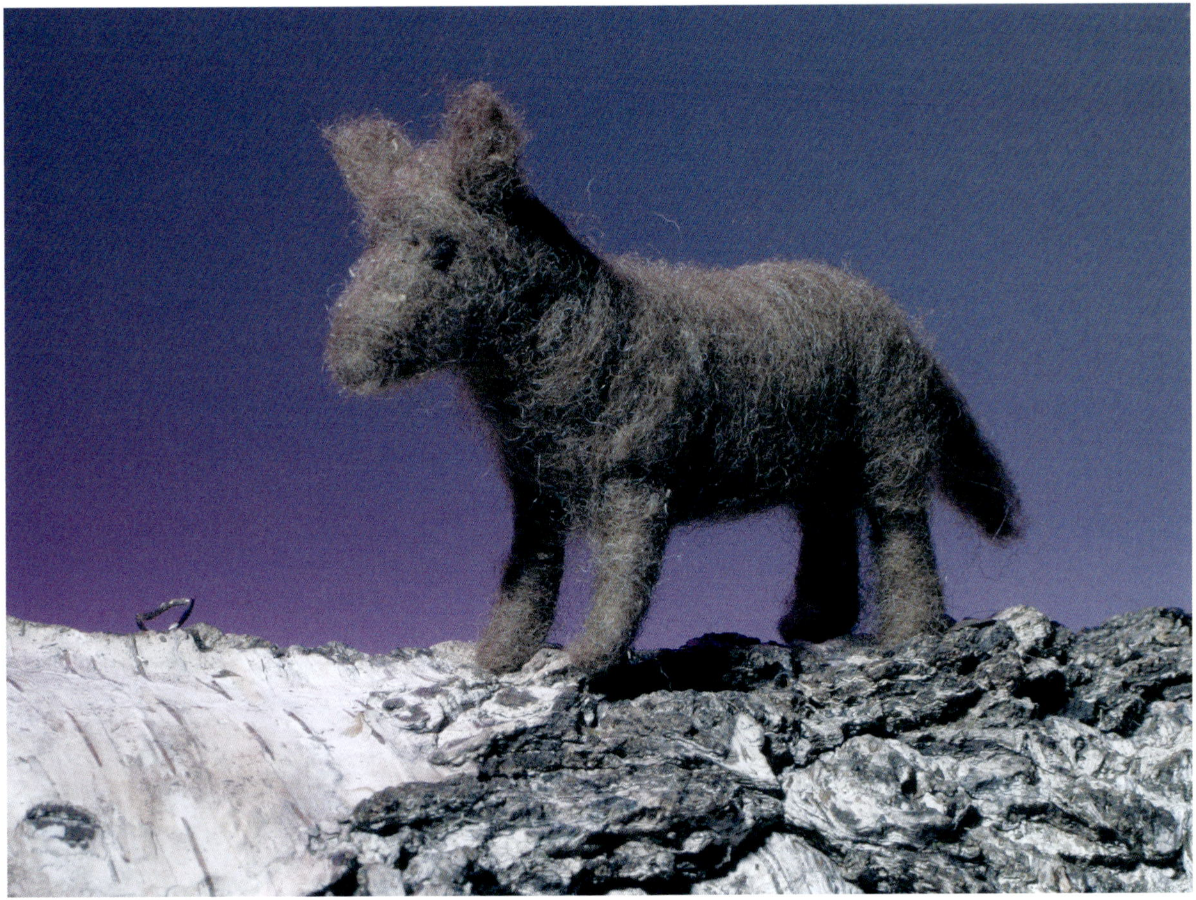

Fuchs

Der Fuchs kann in natürlicher brauner Farbe gestaltet werden oder auch in einem rötlichen Farbton, wenn es im Zusammenhang eines Puppenspieles besonders geeignet erscheint.

Material:

ca. 75 cm Draht oder Biegeplüsch
ca. 15 – 20 g braune oder rotbraune Vlieswolle

Nach unten stehenden Maßangaben fertigen wir das Drahtgestell (siehe auch Grundmodell, S. 10) und formen dabei gleich ein wenig schon die **Schnauze**.

Beim Umwickeln mit der Wolle achten wir darauf, dass der Fuchs nicht zu dick wird und dass die Schnauze eher etwas spitz nach vorne gestreckt wird. Die **Pfoten** biegen wir etwas nach vorne.

Der **Schwanz** ist sehr locker und buschig und ca. 10 cm lang.

Die **Ohren** sind etwas spitz und knapp 1,5 cm lang und pelzig.

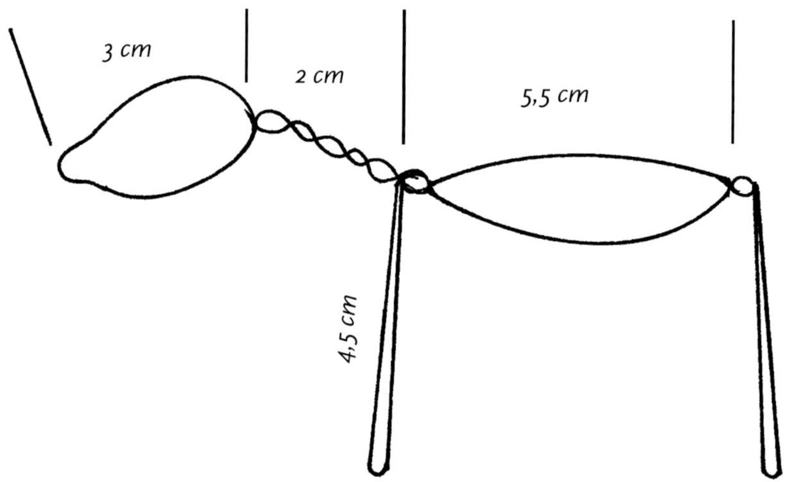

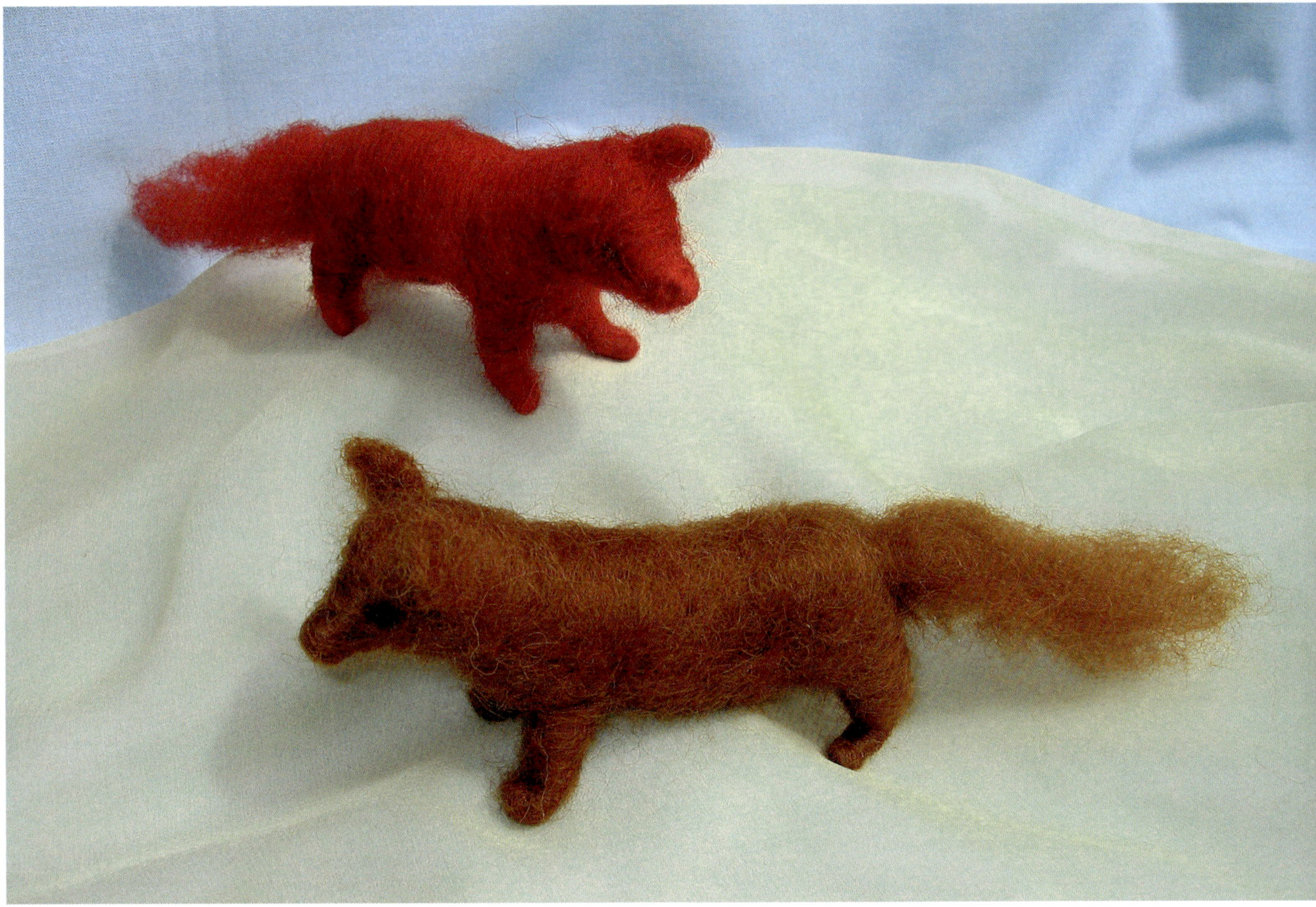

Wolf

Material:

ca. 90 cm Draht
ca. 40 g dunkelgraue Vlieswolle

Nach unten stehenden Maßangaben fertigen wir das Drahtgestell (siehe auch Grundmodell, S. 10 und S. 12).

Beim Umwickeln achten wir darauf, dass ein allmählicher schöner Übergang von den Beinen zum Rumpf entsteht.

Der **Kopf** ist zwar breit, aber die Schnauze ziemlich «spitz».

Die **Ohren** sind pelzig, oben spitz und ca. 2 cm lang.

Der **Schwanz** ist ziemlich buschig.

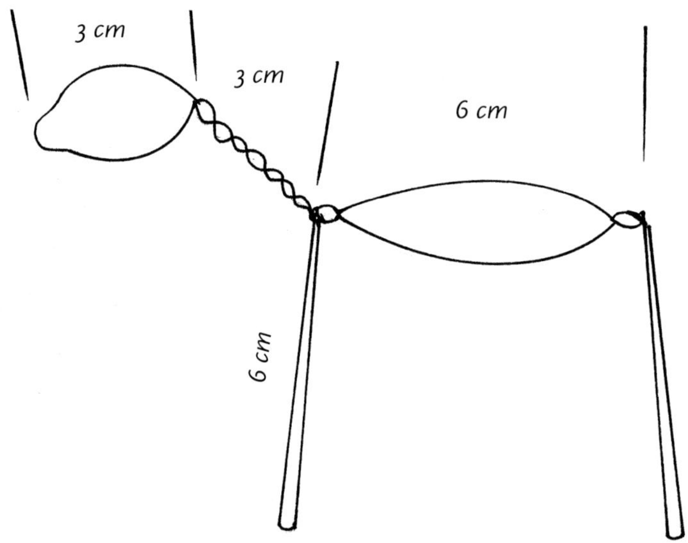

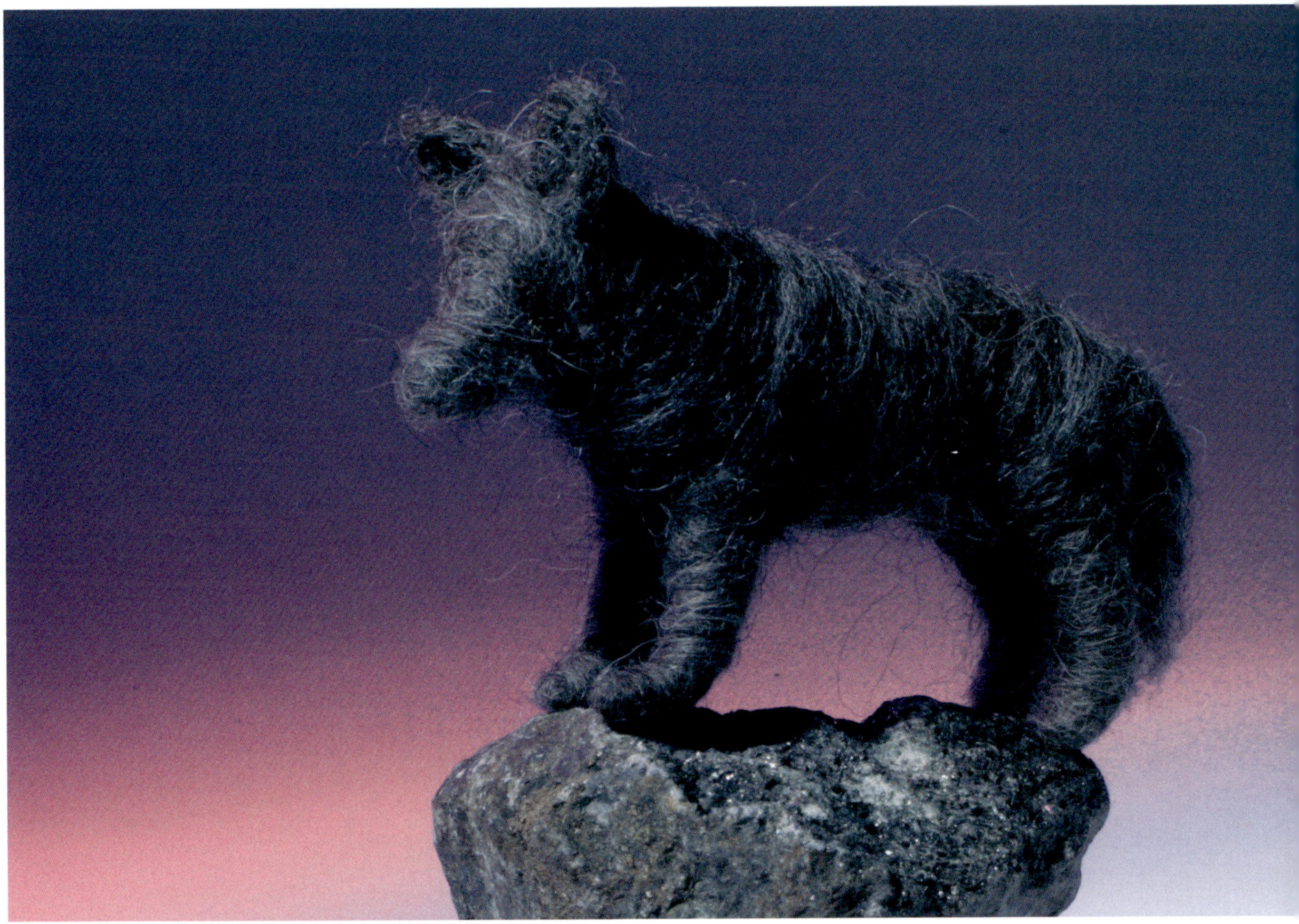

Reh

Material:

100 cm Draht
ca. 20 g braune Vlieswolle

Bevor wir mit dem Umwickeln des Drahtgestells nach unten stehenden Maßen beginnen, formen wir noch ein wenig die **Schnauze**. Der weitere Arbeitsverlauf entspricht dem des Grundmodells (S. 10 und S. 12)

Das Reh hat relativ große, hochstehende **Ohren** (hier ca. 2,5 cm).

Der **Schwanz** ist weiß und sehr kurz. Mit einem hauchdünn gezupften, weißen, aufgefilzten Flöckchen kann der typische Spiegel des Rehes am Hinterteil angedeutet werden.

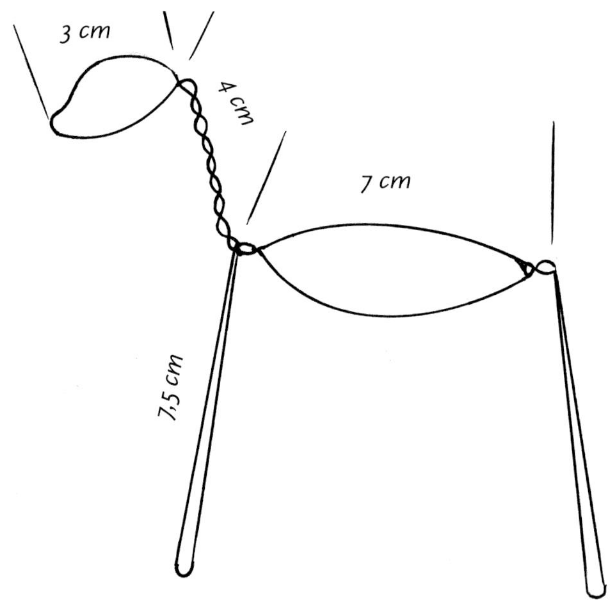

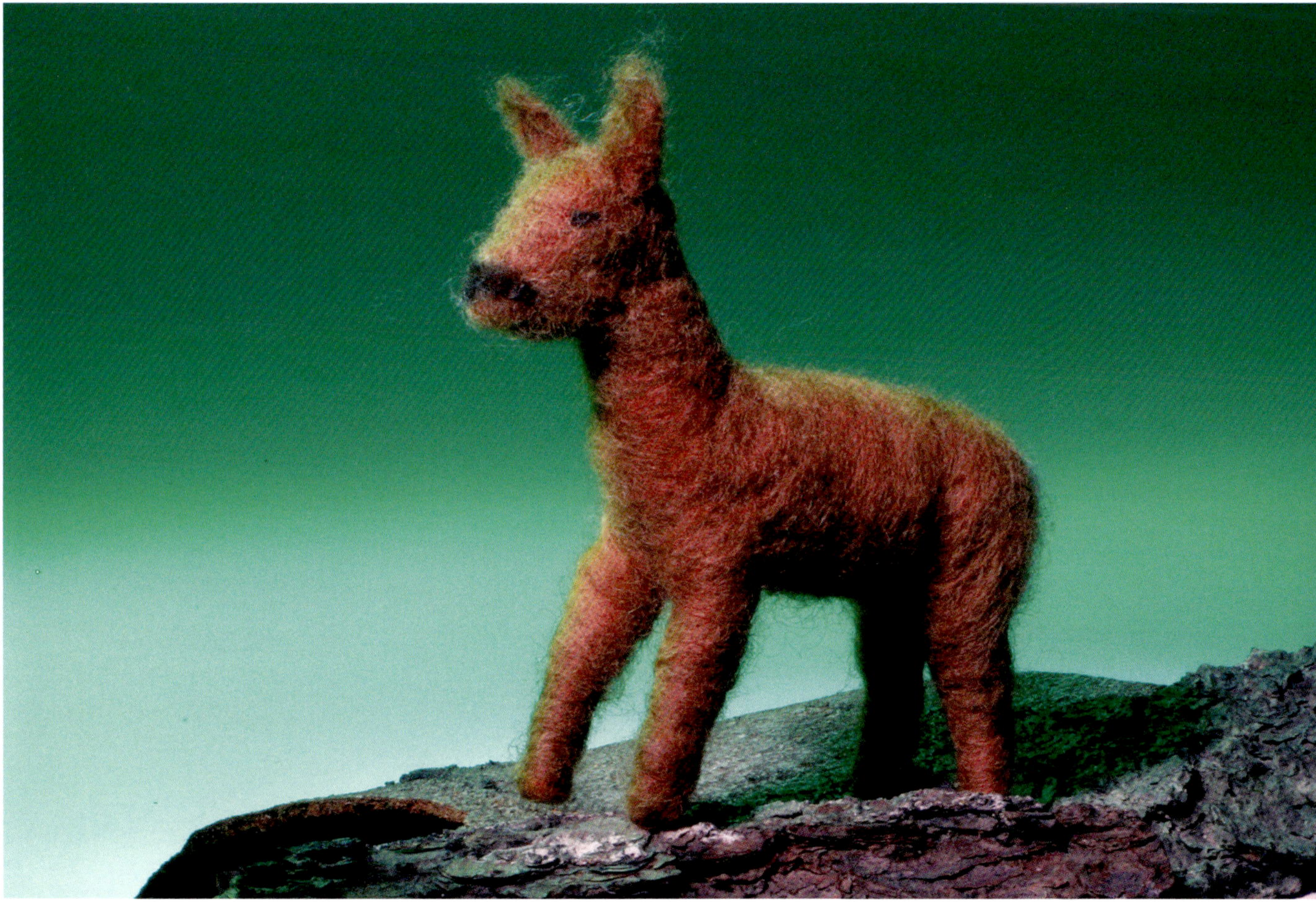

Schaf

Material:

65 cm Draht oder Biegeplüsch
ca. 15 c weiße Vlieswolle

Das Drahtgestell fertigen wir nach unten stehenden Maßen und umwickeln es, wie im Grundmodell S. 14 und S. 12 angegeben.

Beim Umwickeln des **Kopfes** achten wir darauf, dass er nicht zu breit wird und die Schnauze schmal bleibt.

Die **Ohren** sind nach unten gerichtet und etwa 2 cm lang. Wir filzen sie zwischen den Fingern oder mit der Filznadel.

Der **Schwanz** ist kurz und pelzig.

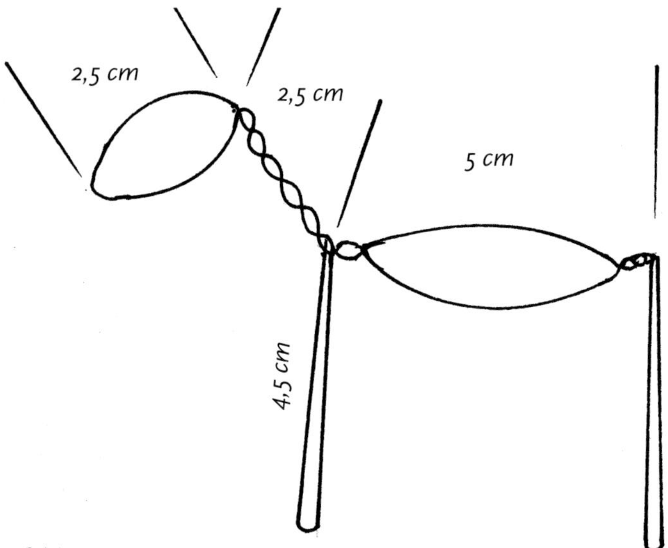

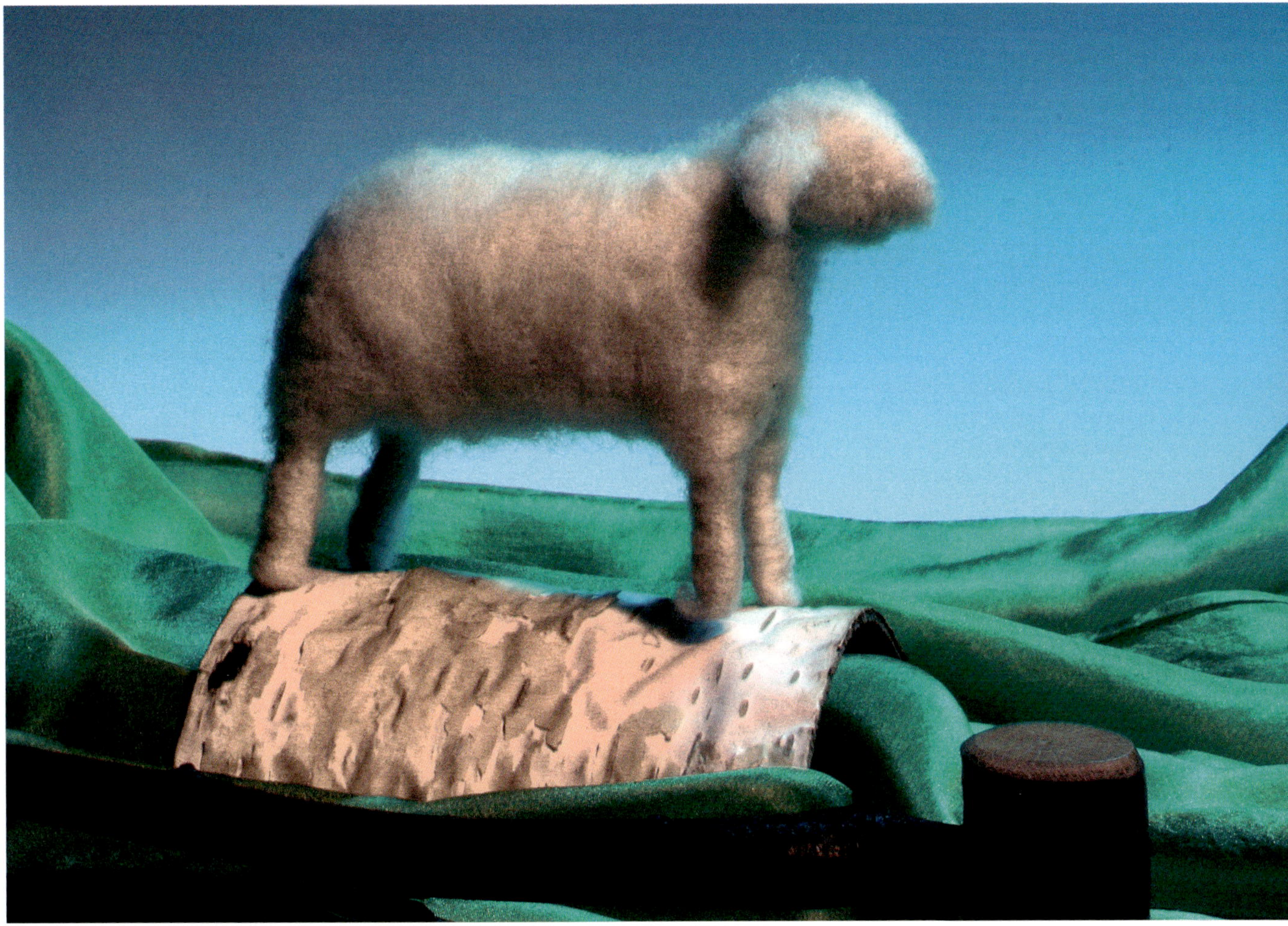

Drei Böckchen / Ziegen

Nach dem Modell des mittleren oder kleinen Böckchens werden auch die Ziegen gearbeitet.

Material:

Großer Bock:
1,20 m Draht
20 cm Biegeplüsch für die Hörner

Mittlerer Bock:
90 cm Draht
12 cm Biegeplüsch für die Hörner

Kleiner Bock:
2 x je 25 cm Biegeplüsch
4,5 cm Biegeplüsch für die Hörner

ca. 70 g weiße Vlieswolle (für alle drei Böckchen)
eine braune Vliesflocke für die Hörner

Die Zeichnung des Drahtgestells gilt für alle drei Böckchen. Die untersten Zahlen gelten für den großen, die oberen für den mittleren und den kleinen Bock.

Großes und mittleres Böckchen

Wir fertigen zuerst jeweils das Drahtgestell nach dem Grundmodell (S. 10) und umwickeln es.

Wir achten darauf, dass der **Hals** sich aufrichtet und der **Kopf** nach unten zum Maul hin schmal wird.

Der **Schwanz** ist ziemlich kurz und nur am Anfang verfilzt.

Die **Ohren** sind eher spitz und ca. 2 cm, 1,5 cm und 1 cm lang.

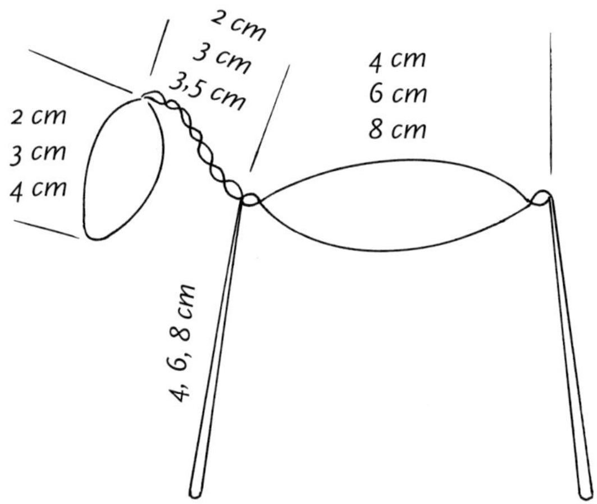

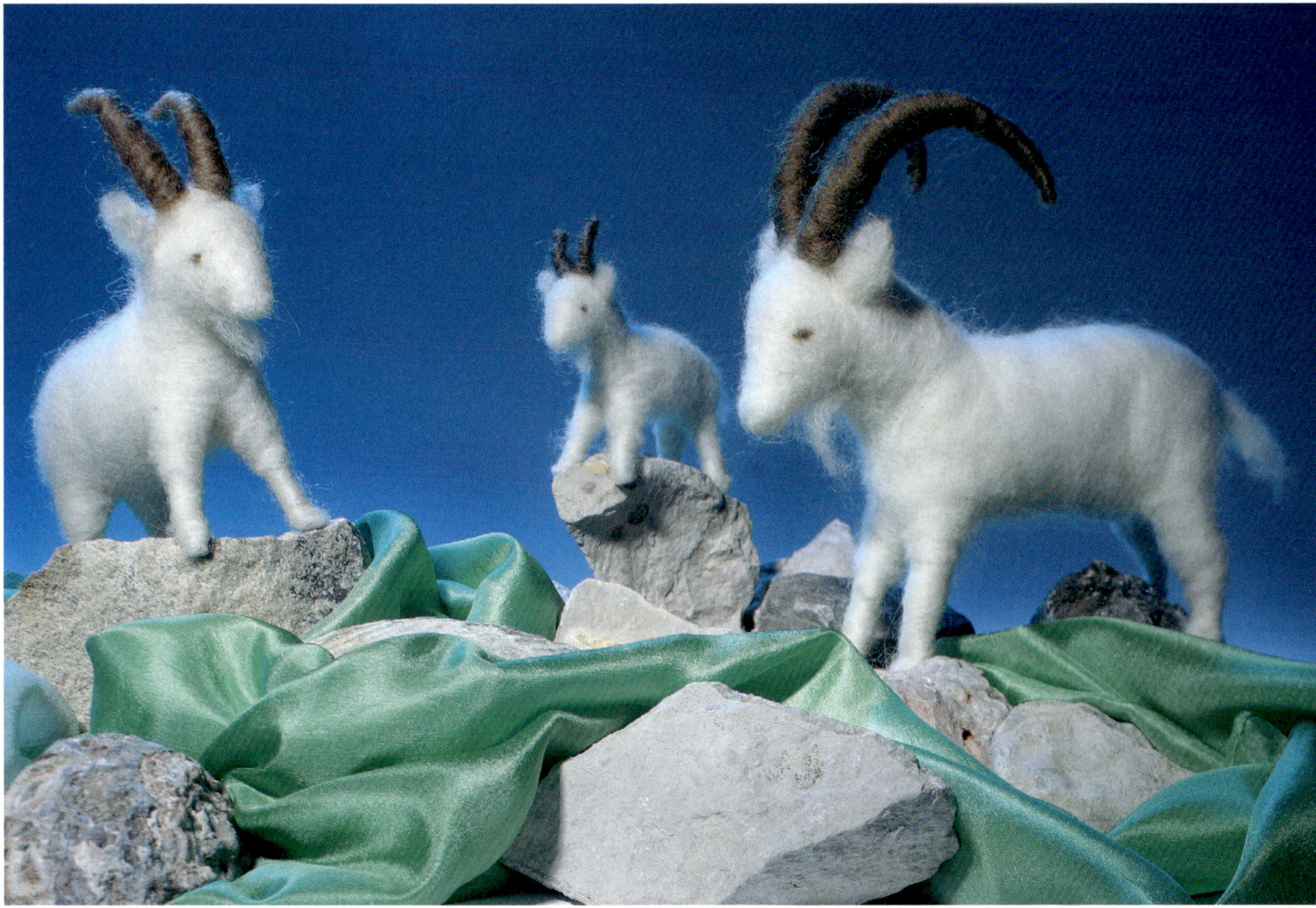

Für die **Hörner** wird das abgemessene Biegeplüschstück oben an der Stirn mit einer dicken Nadel und einem kurzen Stich eingezogen. Die Enden werden mit der Flachzange ca. 2 mm fest umgebogen und dann die beiden Hörner in die gleiche Länge gebracht.

Wir wickeln die Hörner mit einer hellbraunen, sehr feinen Flocke von der Spitze zum Kopf hin, gleichmäßig langsam dicker werdend.

Zum Schluss zupfen wir uns ein kleines **Ziegenbärtchen** und befestigen es unter dem Kinn des Böckchens.

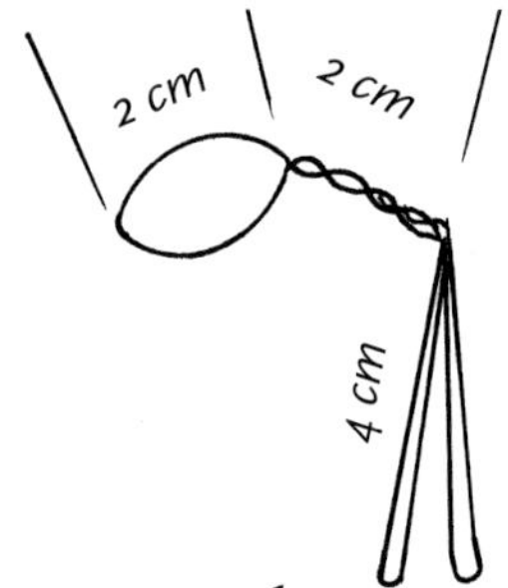

1

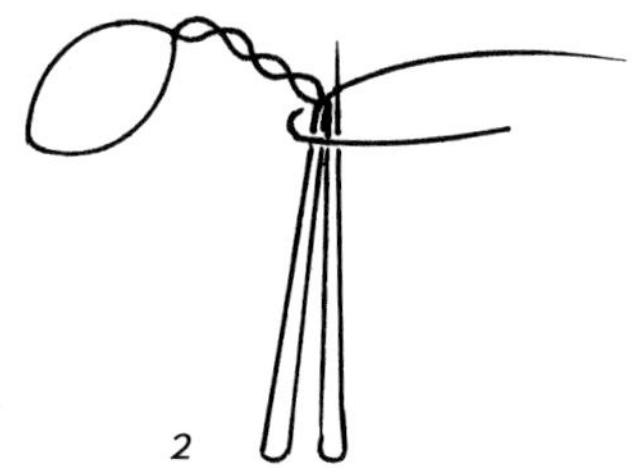

2

Kleines Böckchen

Mit dem einen Stück des Biegeplüsches formen wir den Kopf, den Hals und die Vorderbeine (1). Achtung: Die Maße beziehen sich auf den Draht in der Mitte des Plüsches.

Dann knicken wir das zweite Stück Biegeplüsch auf die Hälfte und legen es um das Ende des Halses (2). Eine oder eineinhalb feste Umdrehungen ausführen. Es soll nicht wackeln. Nach der Bauchschlinge die Enden wieder eineinhalb mal umdrehen und die Hinterbeine formen (3). Die weiteren Arbeitsgänge sind wie bei den größeren Böcken.

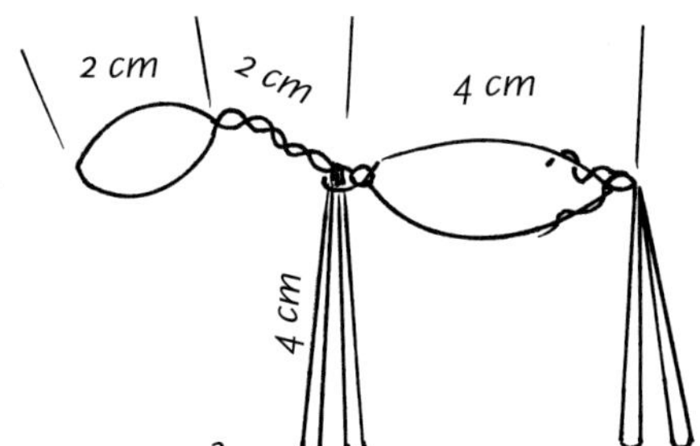

3

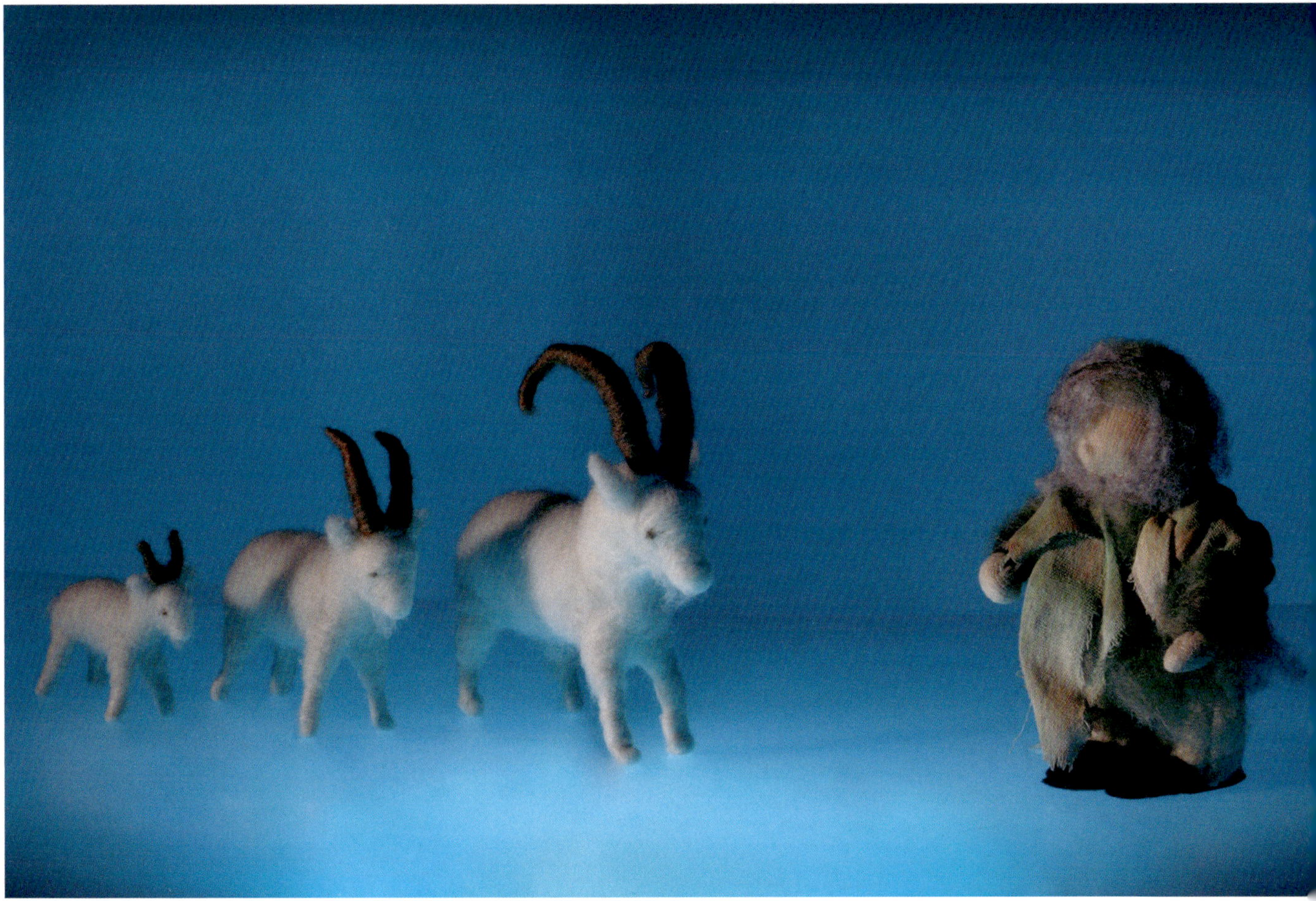

«Die drei Böckchen Brüse» mit dem Troll[1]

Katze

Material:

50 (45) cm Biegeplüsch für Körper und Beine
7 cm Biegeplüsch für den Schwanz

Nach unten stehenden Maßangaben fertigen wir das Drahtgestell (siehe Grundmodell, S. 10).

Der Schwanzdraht wird gleich am Drahtgestell mit zwei Umdrehungen befestigt. Am Ende biegen wir den Schwanzdraht ca. 5 mm um und kneifen ihn mit der Flachzange fest zu. So hat das Kätzchen später einen sehr schön hochstehenden **Schwanz**.

Beim Umwickeln des Drahtgestells achten wir darauf, dass das **Köpfchen** schön rund wird – auch am Hinterkopf – und dass es nicht zu groß gerät.

Nach dem Umwickeln biegen wir die **Beine** in die gewünschte Position.

Die **Ohren** sind eher breit und spitz und stehen gerade hoch.

Den **Schwanz** wickeln wir vom Ende zum Anfang, hier ganz wenig dicker werdend.

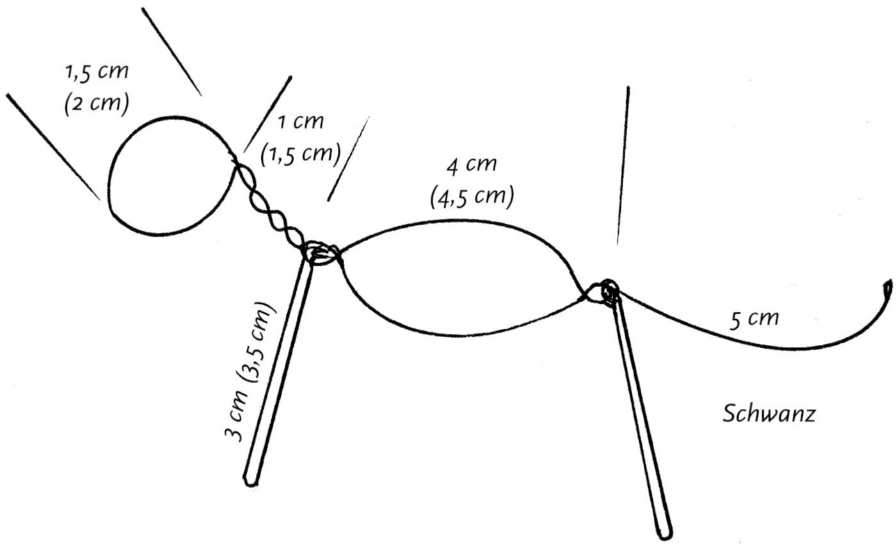

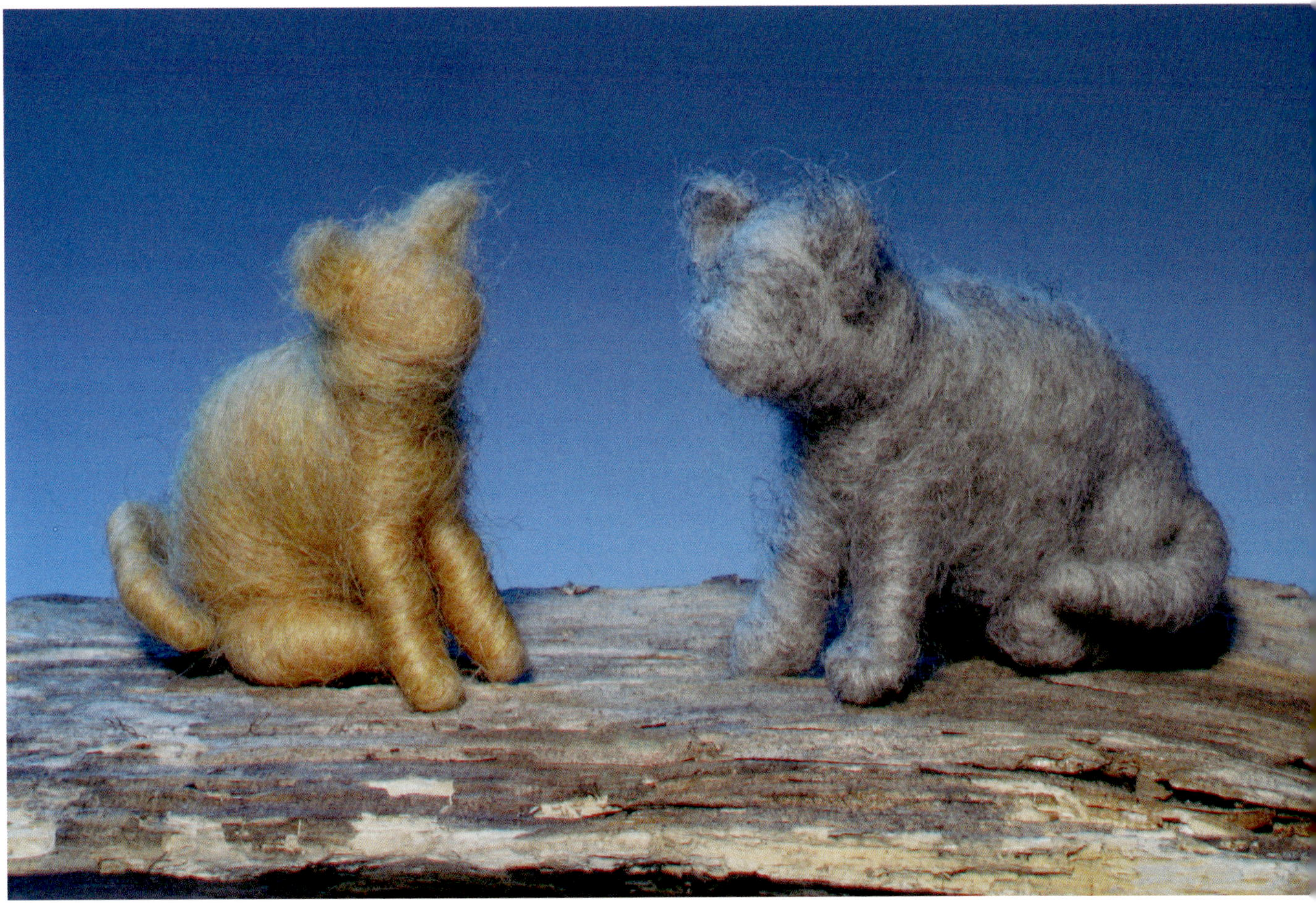

Eichhörnchen

Material:

60 (50) cm Biegeplüsch oder Draht
ca. 10 (5) g mittelbraune Vlieswolle

Zuerst fertigen wir das Drahtgestell nach unten stehenden Maßen (siehe Grundmodell, S. 10) und Kapitel Biegeplüsch, S. 14) und umwickeln es. Wir achten darauf, dass das **Köpfchen** schön rund und nicht zu groß wird.

Nach dem Umwickeln biegen wir die **Beine** und den **Körper** in die Hockstellung.

Die **Ohren** sind kurz und spitz und nur zwischen den Fingern geformt.

Für den **Schwanz** nehmen wir eine schöne lange Flocke. Wir befestigen den Anfang zwischen den Hinterbeinen an der Bauchseite und führen die Stiche (mit Nähfaden oder Filznadel) ein wenig am Hinterteil hinauf, sodass der Schwanz schön buschig hochsteht.

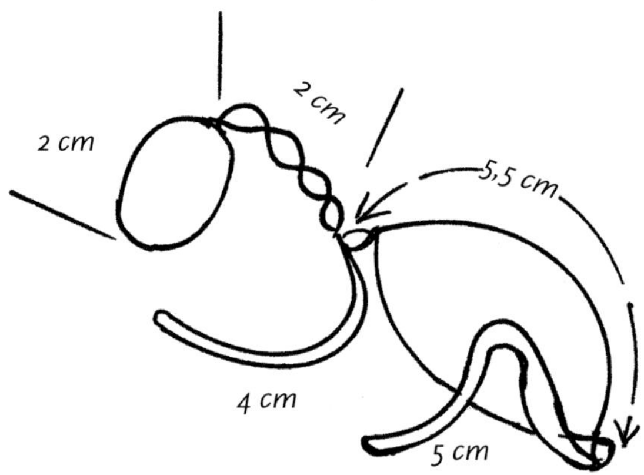

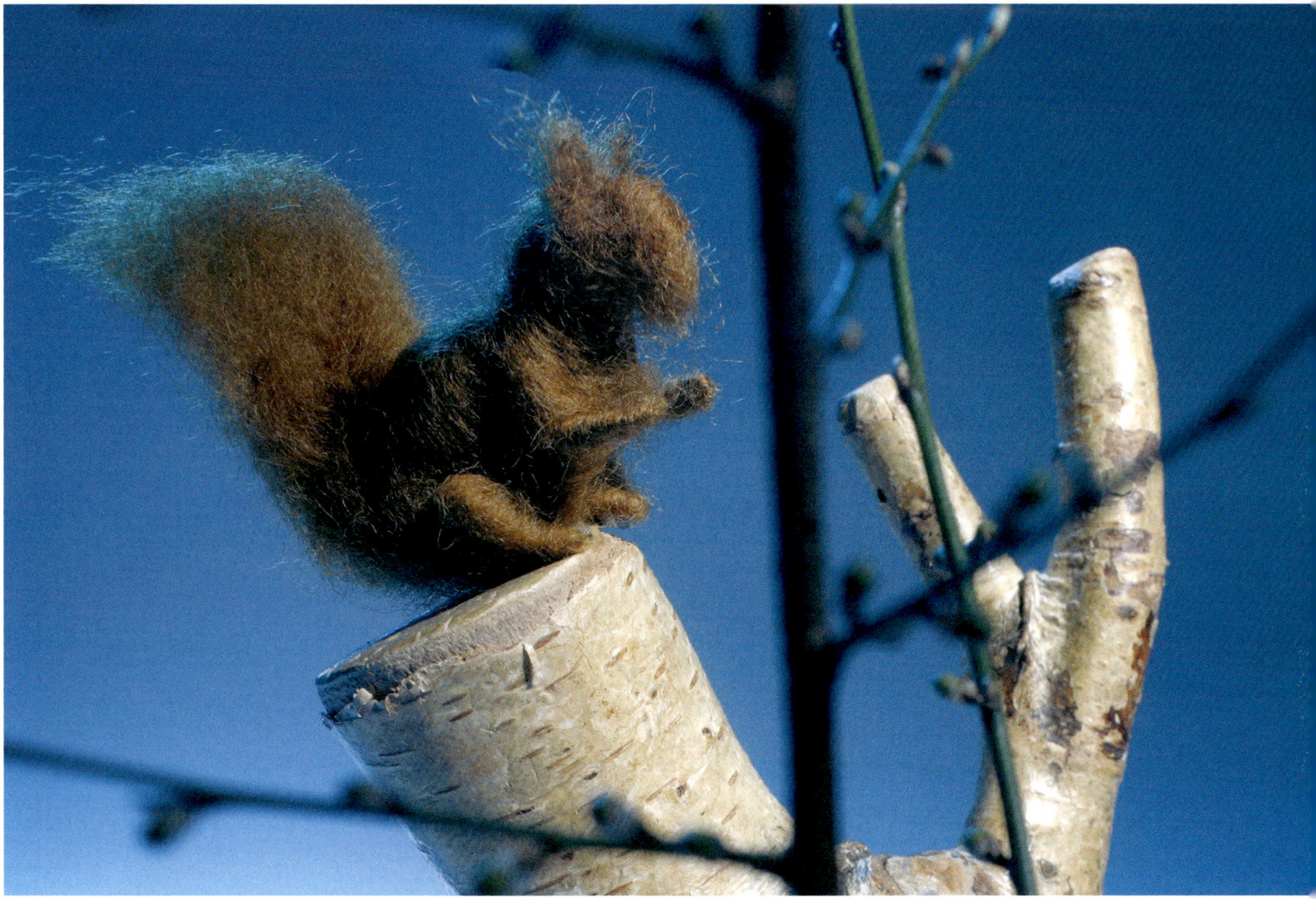

Ente

Material:

30 cm Biegeplüsch
ca. 5 g weiße Vlieswolle
1 gelbes Wollflöckchen für den Schnabel
1 dunkles Wollflöckchen für die Augen

Wir formen nach den Maßangaben das Drahtgestell und biegen den Schnabel eine Viertelumdrehung in die Horizontale, sodass er breit wird.

Zuerst umwickeln wir den **Schnabel** mit einem gelben Wollflöckchen, dann den **Kopf** und den **Hals** mit weißer Wolle. Den **Leib** füllen wir zuerst mit Achterschlaufen (siehe S.12) und dann noch im Ganzen, bis er dick genug erscheint.

Mit der Filznadel filzen wir unten drunter eine gute «Standfläche».

Eine zart gezupfte Wollflocke kann vorn über die Brust nach hinten gelegt und ein wenig angefilzt das **Federkleid** andeuten.

Zum Schluss befestigen wir mit winzigsten Wollflüschen die **Augen**.

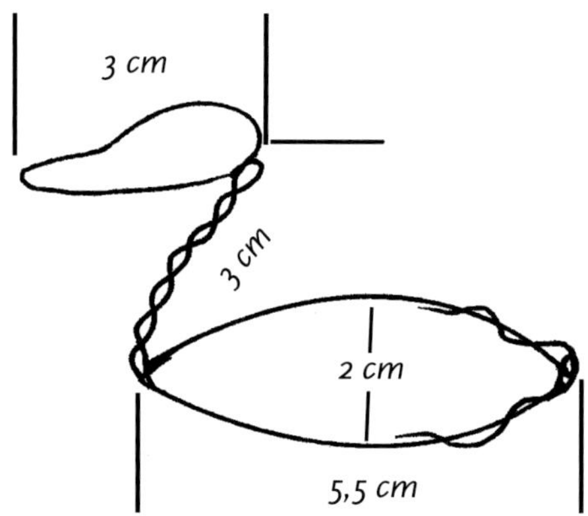

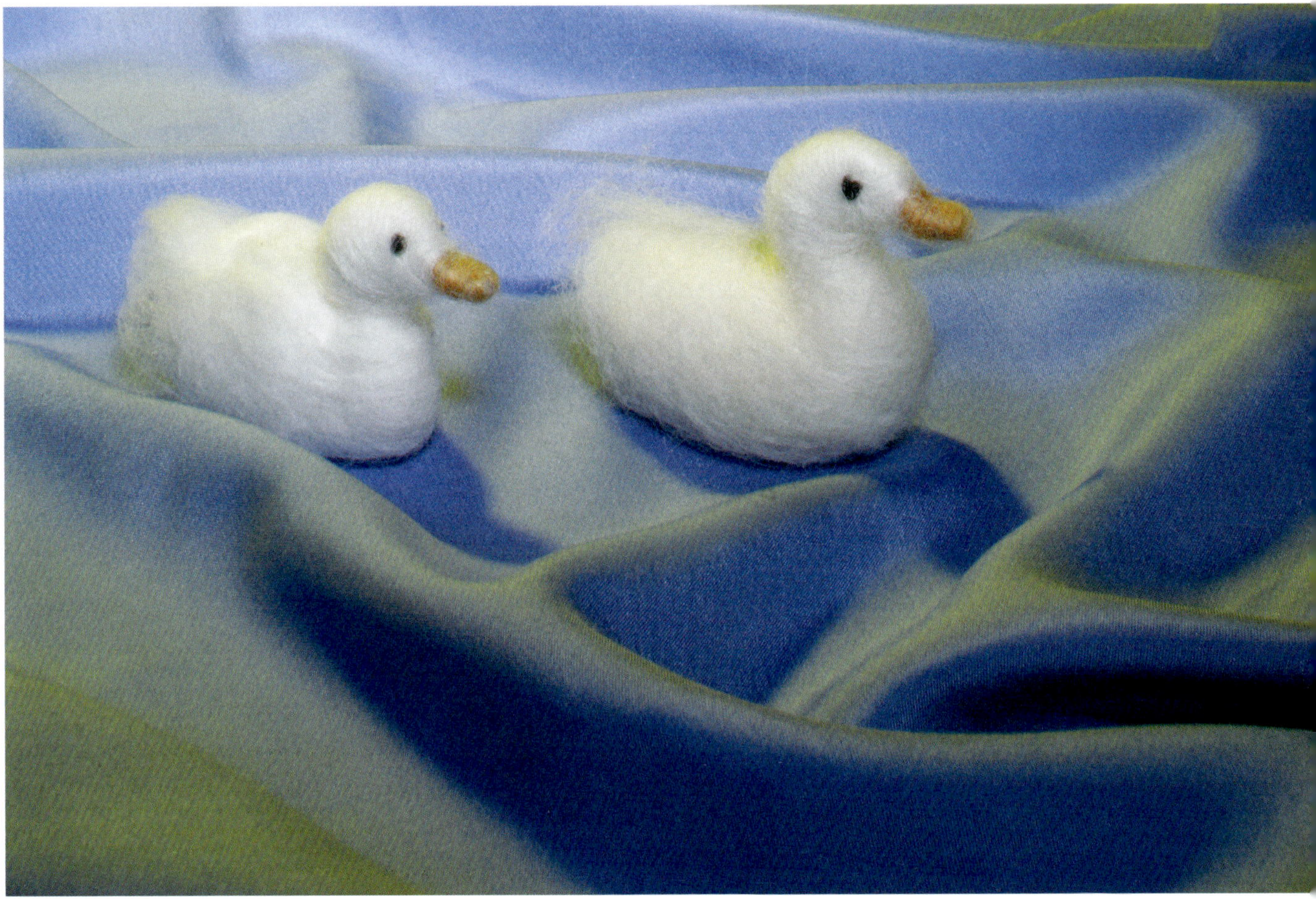

Schwan: schwimmend

Material:

50 cm Biegeplüsch
ca. 5 g weiße kardierte Schafwolle vom Band (Kammzug)
1 Flöckchen rote Wolle für den Schnabel

Wir formen das Gestell nach neben stehenden Maßen, beginnend am **Schnabel**. Der **Kopf** ist sehr klein, der **Hals** lang. Nachdem wir den ovalen Ring für den Körper geformt haben, biegen wir ihn in die horizontale Ebene als Standfläche. Die beiden Drahtenden führen wir etwas gewölbt als **Rücken** nach vorne bis neben den Hals und wickeln den Rest um den Bodenring.

Mit dem roten Flöckchen umwickeln wir nun zuerst den **Schnabel.** Dann mit der weißen Wolle den Kopf, den Hals (nach unten dicker werdend) und das Leibende (a). Es empfiehlt sich, den Bodenring dann mit Achterschlaufen (siehe auch S. 12) zu füllen (am besten mithilfe der Sacknadel) und anschließend den ganzen Leib noch einmal zu umwickeln.

Die Flügel:
Eine ca. 25 cm lange dünne Flocke legen wir vorne um die Brust und befestigen sie mit wenigen Stichen oder mit der Filznadel im vorderen Bereich des Leibes. Nach hinten zu zupfen wir die Flocke breit und duftig für die Flügel.

Die Augen:
Zuletzt formen wir aus dunkler Wolle zwei winzige Kügelchen und befestigen sie als Augen.

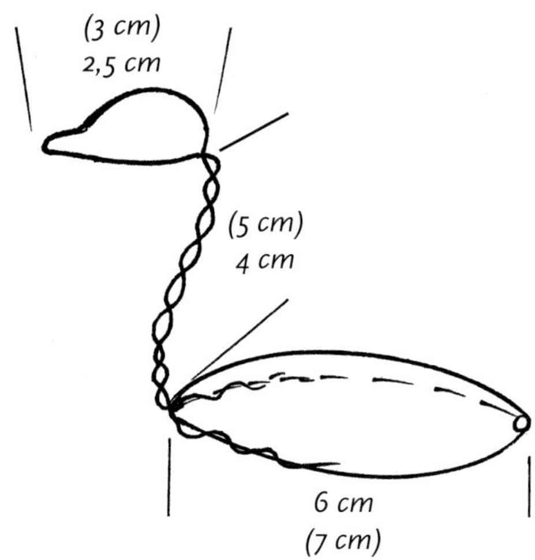

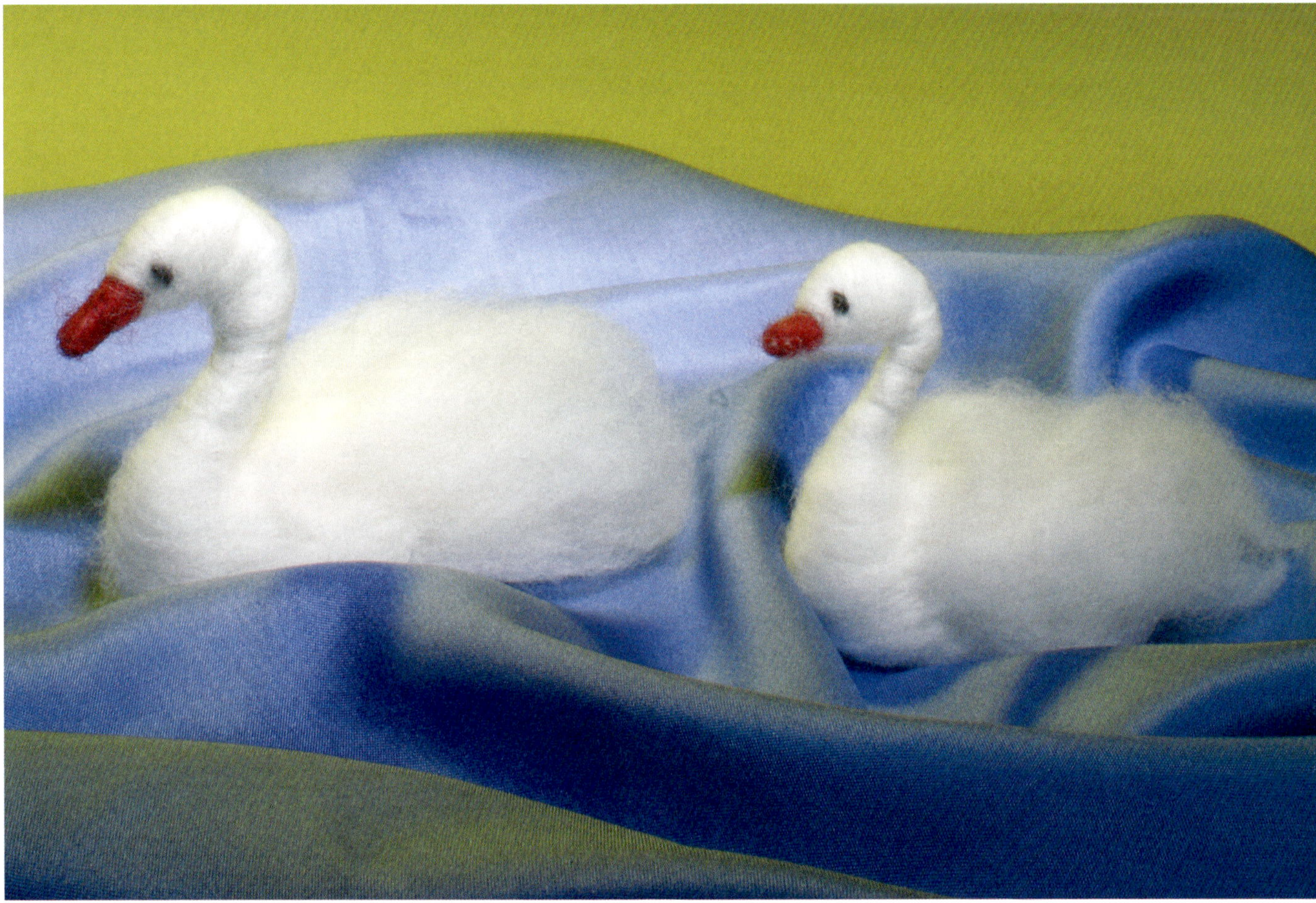

Schwan: fliegend

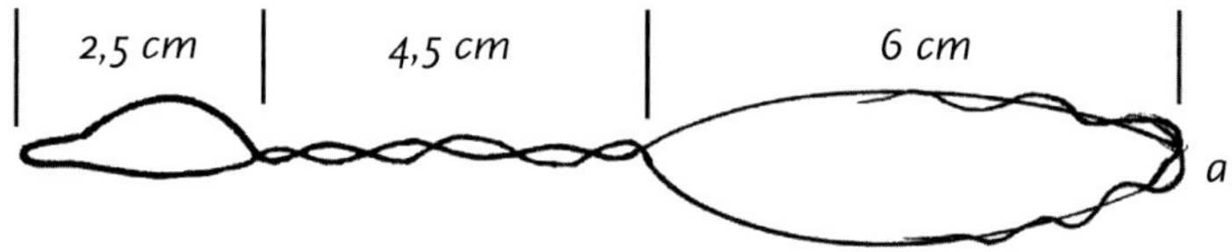

Material:

30 cm Biegeplüsch für den Leib
7 cm Biegeplüsch für die Beine
20 cm Biegeplüsch für die Flügel
ca. 5 g weiße kardierte Schafwolle vom Band (Kammzug)
1 Flöckchen Wolle für den Schnabel
1 Flöckchen gelborange Wolle für die Beine

Nach den Maßangaben formen wir das Gestell.

Wir umwickeln zuerst mit einem roten Flöckchen den **Schnabel**, anschließend mit weißer Wolle den **Kopf** und den **Hals**. Dann umwickeln wir zuerst das Körperende (a) und danach füllen wir mit Achterschlaufen (siehe auch S. 12) den **Leib**. Nun umwickeln wir den ganzen Leib bis zur befriedigenden Dicke (Umfang ca. 9 cm).

Mit der Sacknadel ziehen wir im unteren Körperbereich – etwa in der Mitte zwischen Halsende und Körperende – den Biegeplüsch für die **Beine** durch. Die Enden biegen wir 0,5 cm mit der Flachzange um und ziehen die Beine auf die gleiche Länge. Nachdem wir sie von außen nach innen umwickelt haben, biegen wir sie in Flugposition. Mit einer dünnen weißen Flocke – um den ganzen Leib gelegt – werden sie in dieser Stellung gehalten. Mit der Sacknadel ziehen wir den Biegeplüsch-Draht für die **Flügel** etwas nach dem Halsende quer durch den Leib durch. Die Enden biegen wir 0,5 cm mit der Flachzange um. Nun umwickeln wir ganz dünn die Flügeldrähte von außen nach innen.

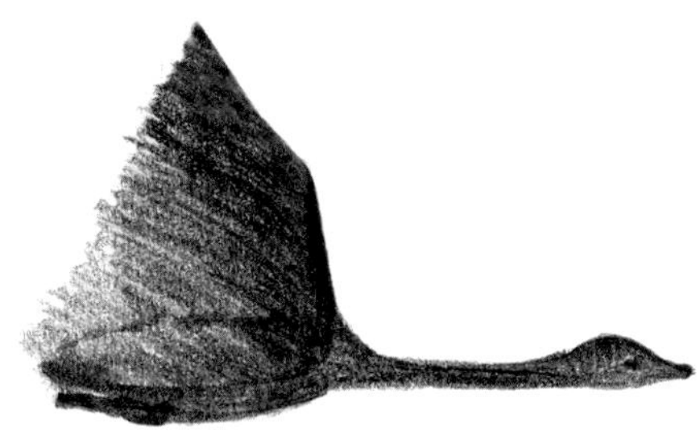

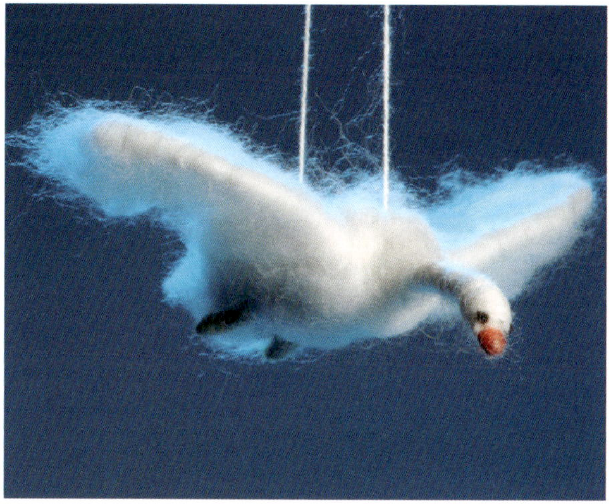

Eine ca. 15 – 18 cm lange Flocke, die wir so breit gezupft haben wie die Flügeldrähte lang sind, legen wir – auf die Hälfte gefaltet – um die Flügeldrähte und befestigen sie, indem wir mit der Filznadel entlang des Drahtes stechen, und zwar von innen und außen. Mit wenigen weiteren vorsichtigen Stichen verbinden wir die beiden Schichten der Flügel. Zum Schluss zupfen wir die Flügelenden in die erforderliche Länge und Position.

Aus zwei winzigen dunklen Flüschen formen wir die **Augen** und befestigen sie mit der Filznadel.

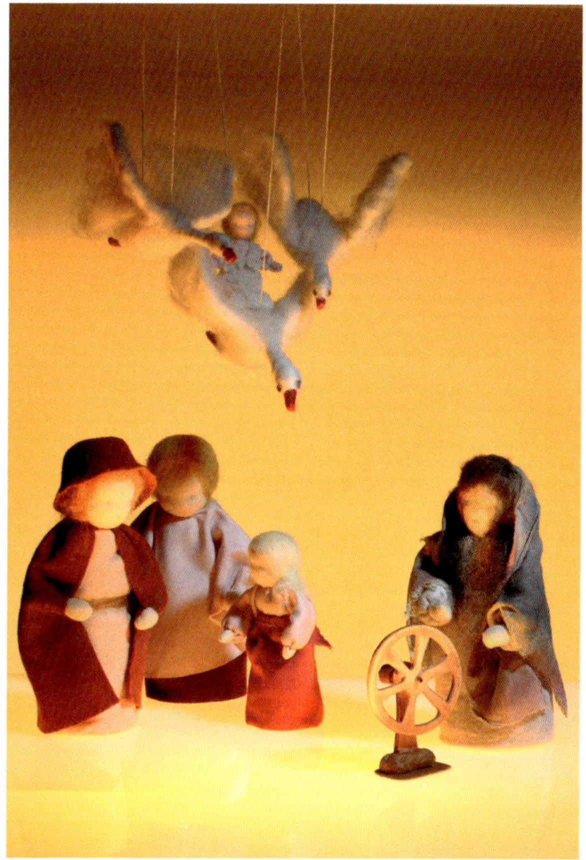

Figuren zu dem Märchen «Die wilden Schwäne»[2]

Hahn

Material:

ca. 40 cm Biegeplüsch
wenige Wollflöckchen: braun, hautfarben, gelb (hell und dunkel), rot

Nach neben stehender Zeichnung formen wir das Drahtgestell. Achtung: Die Maße gelten vom inneren Draht aus, nicht vom abstehenden Plüsch. Die Füße werden so gebogen, dass die «Sohlen» flach auf dem Boden stehen.

Mit hautfarbener Wolle umwickeln wir zuerst den Kopf und den Hals, anschließend die Füße und die Beine.

Der **Leib** wurde hier mit brauner Wolle zunächst mit Achterschlaufen (siehe S. 12) und dann im Ganzen umwickelt.

Der **Schnabel** wird mit einem hautfarbenen Flöckchen geformt und angefilzt.

Der **Kamm** mit Kehllappen aus roter Wolle wird über den Kopf gestülpt und mit der Filznadel geformt und befestigt.

Zwei winzige gelbe Wollkügelchen werden als **Augen** befestigt.

Nun wird der **Leib** noch mit ganz dünnen gelben und roten Wollflöckchen überzogen, aber so, dass der braune Leib noch durchschimmert.

Zum Schluss werden die **«Schwanzfedern»**, die aus hauchdünnen Wollflüschen in mehreren Schichten locker übereinander liegen, angefilzt.

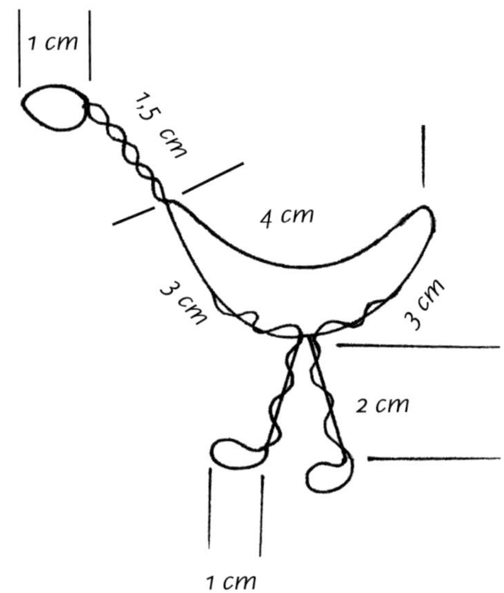

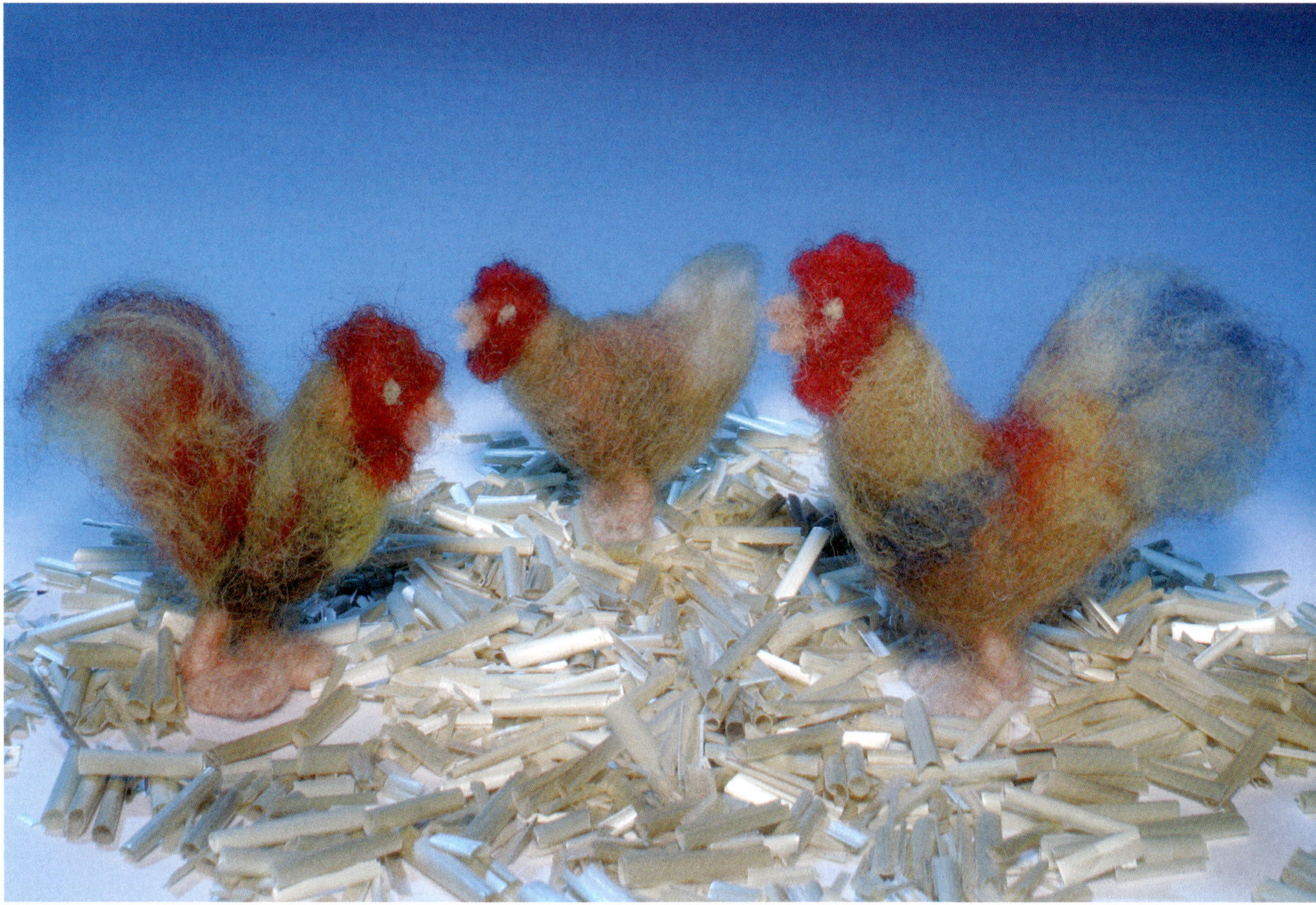

Hase

Das hier folgende Drahtgestell kann sowohl für ein hockendes als auch für ein springendes Häschen verwendet werden.

Material:

60 cm Biegeplüsch
ca. 10 g braune Vlieswolle

Beim Herstellen des Drahtgestells (siehe auch Grundgestell, S. 10) achten wir darauf, dass der **Kopf** nach oben schön gerundet ist und sich die Schnauze verjüngt.

Bevor wir mit dem Umwickeln beginnen, müssen wir uns für die Stellung des Häschens entscheiden. Das hockende Häschen ist etwas rundlicher, das springende ist schlanker, und der Kopf ist auch etwas kleiner.

Zum Schluss ziehen wir die schönen langen **Hasenohren** ein, die wir zwischen den Fingern etwas filzen. Dann heften wir dem Häschen ein kleines weißes **Schwänzchen** an.

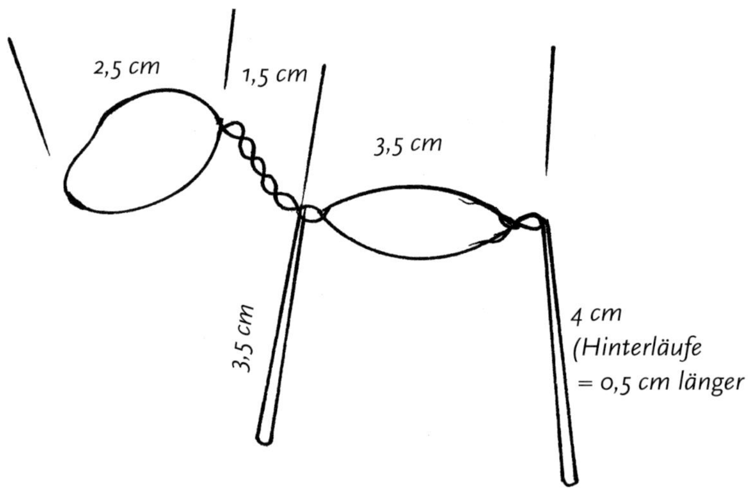

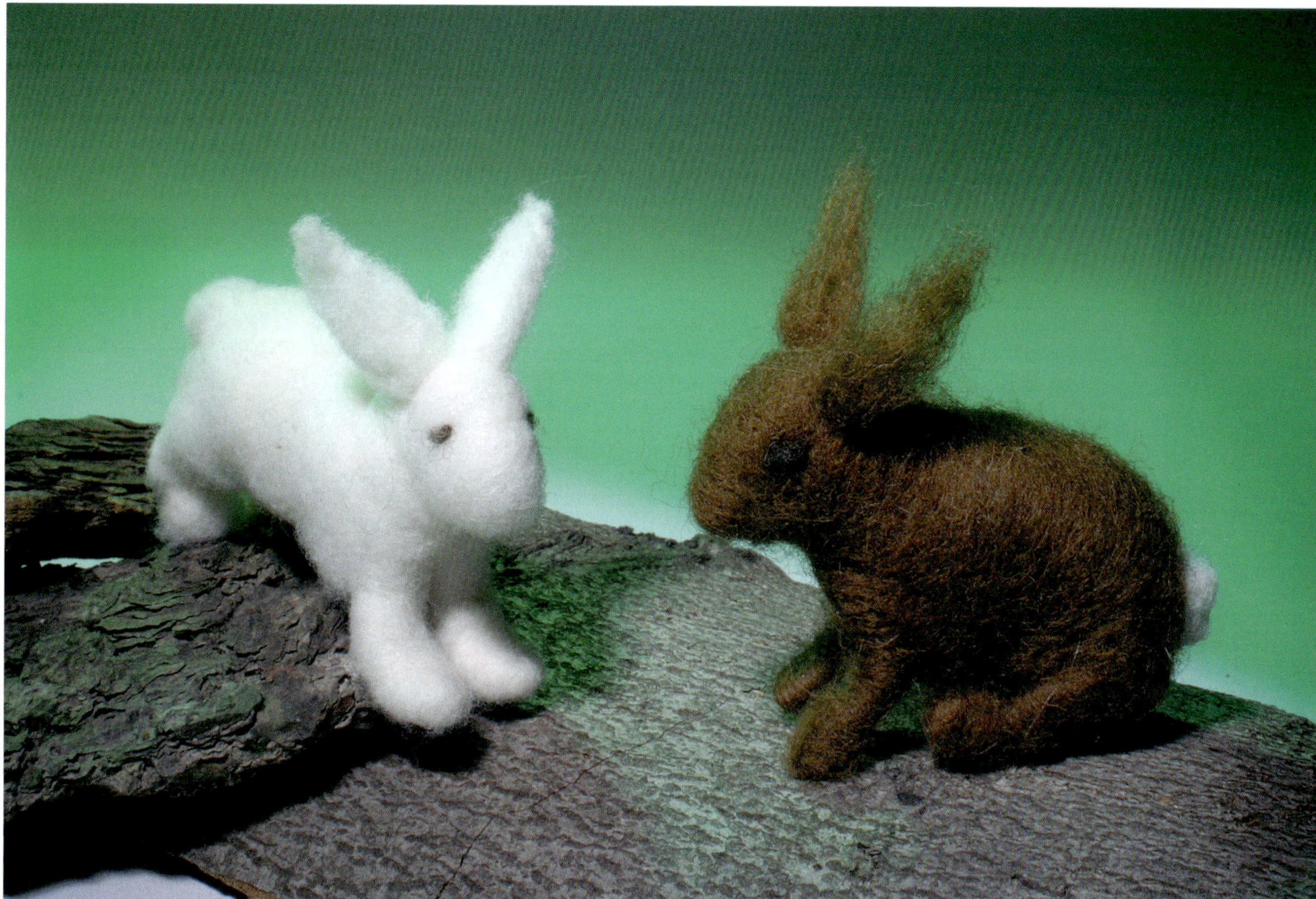

Fliege, Mücke, Biene

Mit einem ca. 10 cm langen Wollflöckchen (braun für die Fliege, grau für die Mücke, braun mit einem gelben Flüschen für die Biene) machen wir einen normalen Knoten (1). Wir drücken den Knoten in eine längliche Form und rücken die Enden zu beiden Seiten in die Mitte (2).

Mit ein paar von den Seiten ausgeführten Stichen oder der Filznadel befestigen und formen wir das **Körperchen** (3).

Der ganze Leib ist ca. 1,5 – 2 cm lang. Die Enden zupfen wir für die **Flügel** etwas aus, bis sie eine Länge von jeweils ca. 1,5 cm haben.

Von unten ziehen wir einen Faden mit einem Knoten am Ende durch den Körper, z.B. 28 cm lang. Mit diesem Faden können wir die Insekten fliegen lassen.

1

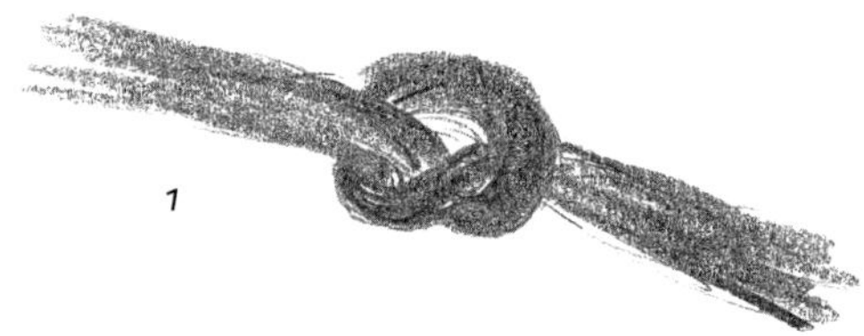

2

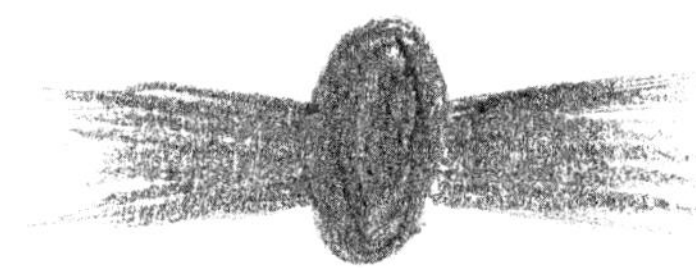

3

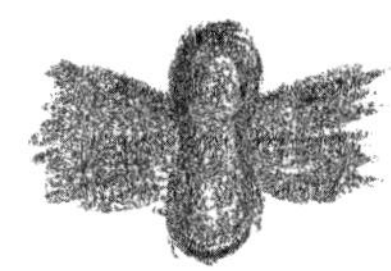

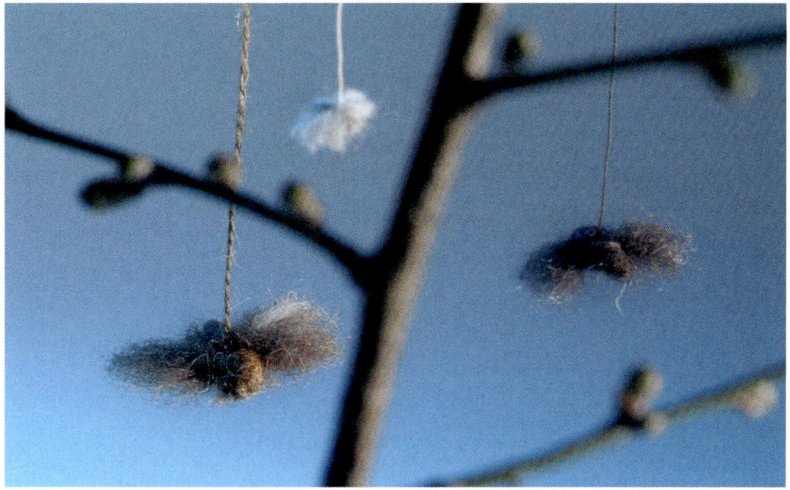

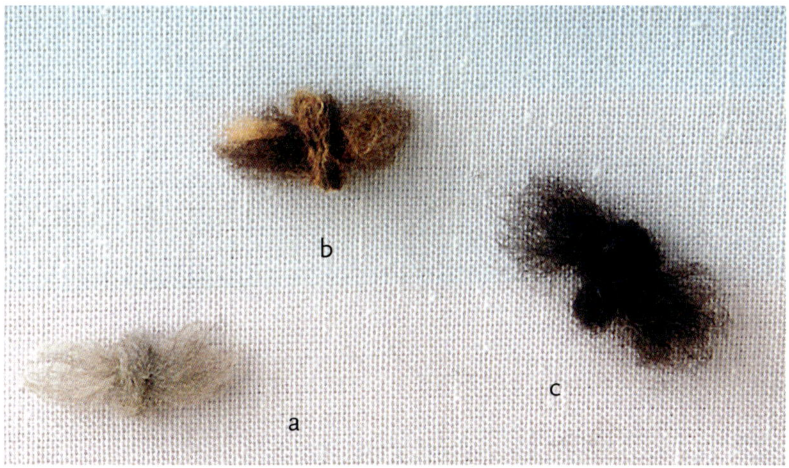

a = Mücke
b = Biene
c = Fliege

Schnecke

Material:

22 (28 *) cm Draht für das Haus
12 (13,5 *) cm Draht für den Körper
ca. 5 g ungesponnene Wolle, z.B. in Braun-, Gelb-, Beigetönen
ca. 4,5 (5 *) cm Biegeplüsch für die Fühler

* Die Maße in Klammern entsprechen der etwas größeren Schnecke.

Die Schnecke lässt sich leichter mit Draht als mit Biegeplüsch arbeiten.

Schneckenhaus

Wir biegen den Draht am Anfang und am Ende jeweils ca. 1 cm zu einer Schlaufe um. Diese umwickeln wir mit einem dünnen Wollstrang sehr fest und biegen sie dann mit der Flachzange fest zusammen.

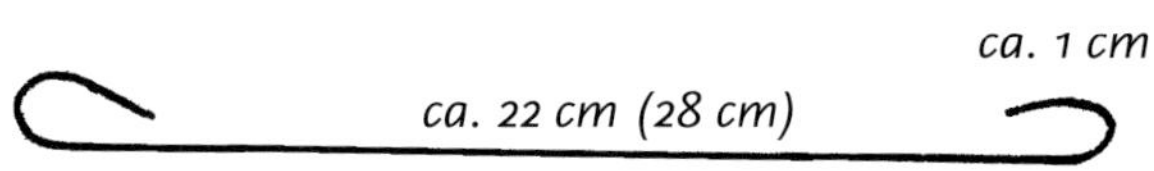

Nun umwickeln wir den Draht so, dass er am Anfang sehr dünn und gleichmäßig zum Ende dicker wird.

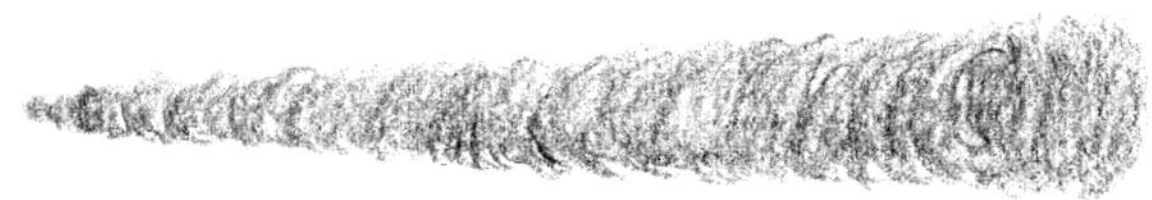

Daraus können wir jetzt das Schneckenhaus formen und die einzelnen Windungen mit wenigen Stichen oder der Filznadel befestigen.

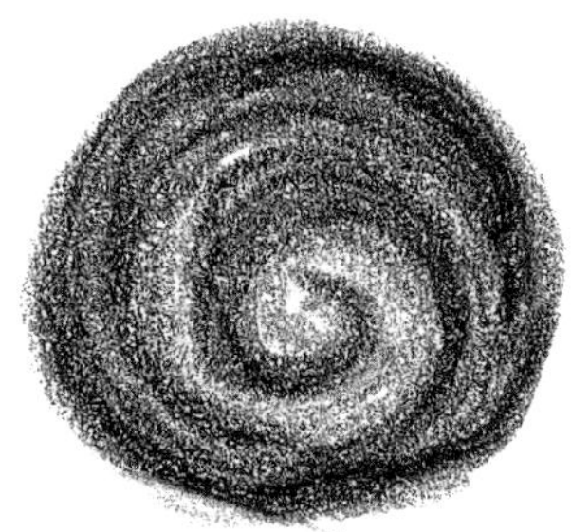

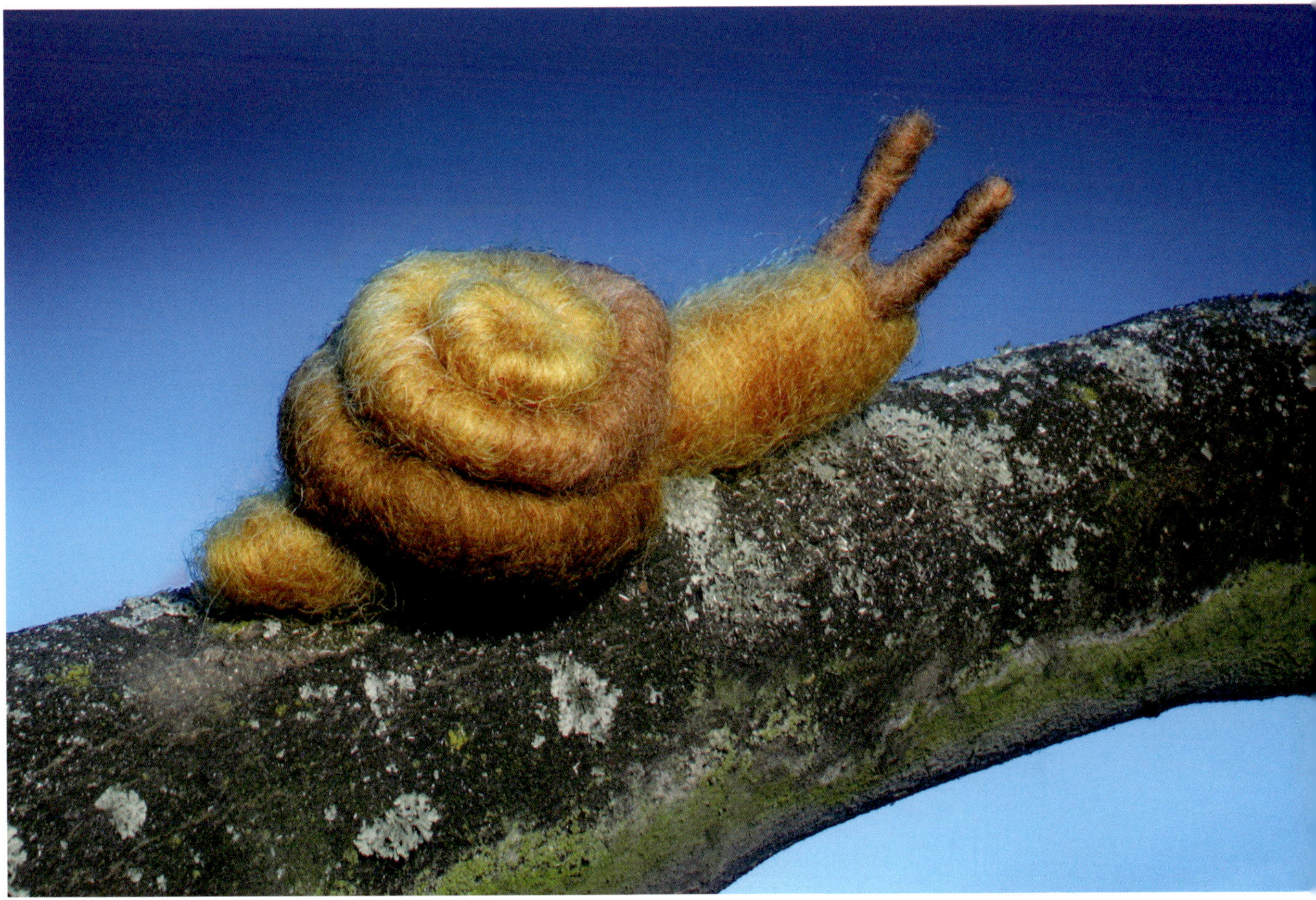

Schneckenkörper

Wir biegen den Draht am Kopfende ca. 2,5 cm, am Schwanzende ca 1 cm zu einer Schlaufe um. Mit einem dünnen Wollstrang umwickeln wir das Schwanzende, drücken die Schlaufe zusammen und umwickeln die Schlaufe noch einmal im Ganzen.

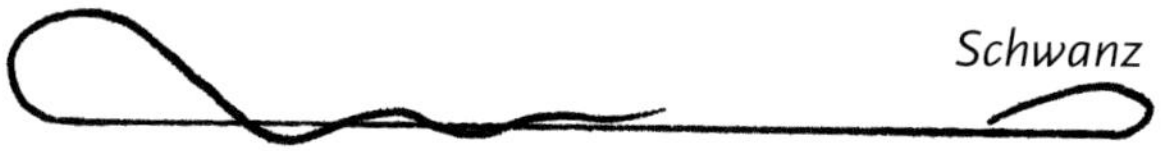

Am Kopfende umwickeln wir die Schlaufe etwas dicker und biegen sie nur leicht zusammen, ehe wir sie im Ganzen umwickeln. Wir achten darauf, dass das Köpfchen vorne schön rund wird.

Nun umwickeln wir von beiden Enden den Körper, zur Mitte etwas dünner werdend. Dann sitzt das Haus besser auf.

Um die richtige Dicke und Proportion der Schnecke herauszufinden, legen wir ab und zu das Schneckenhaus auf.

Anschließend befestigen wir das Haus mit wenigen Stichen oder mit der Filznadel auf der Schnecke. Das Haus sitzt etwas schräg auf und berührt auf einer Seite den Boden. Auf diese Weise hat die Schnecke einen guten Halt und kippt nicht.

Fühler

Das Biegeplüsch-Stückchen ziehen wir am Kopf ein. (Vorstechen mit einer sehr dicken Nadel!)

Beide Enden biegen wir ca. 4 mm um und kneifen sie mit der Flachzange fest zusammen.

Dann umwickeln wir die Fühler vom Ende bis zum Kopf hin mit einem sehr dünnen Flöckchen.

Den Kopf biegen wir ganz wenig hoch, und schon kann das Schnecklein fortkriechen.

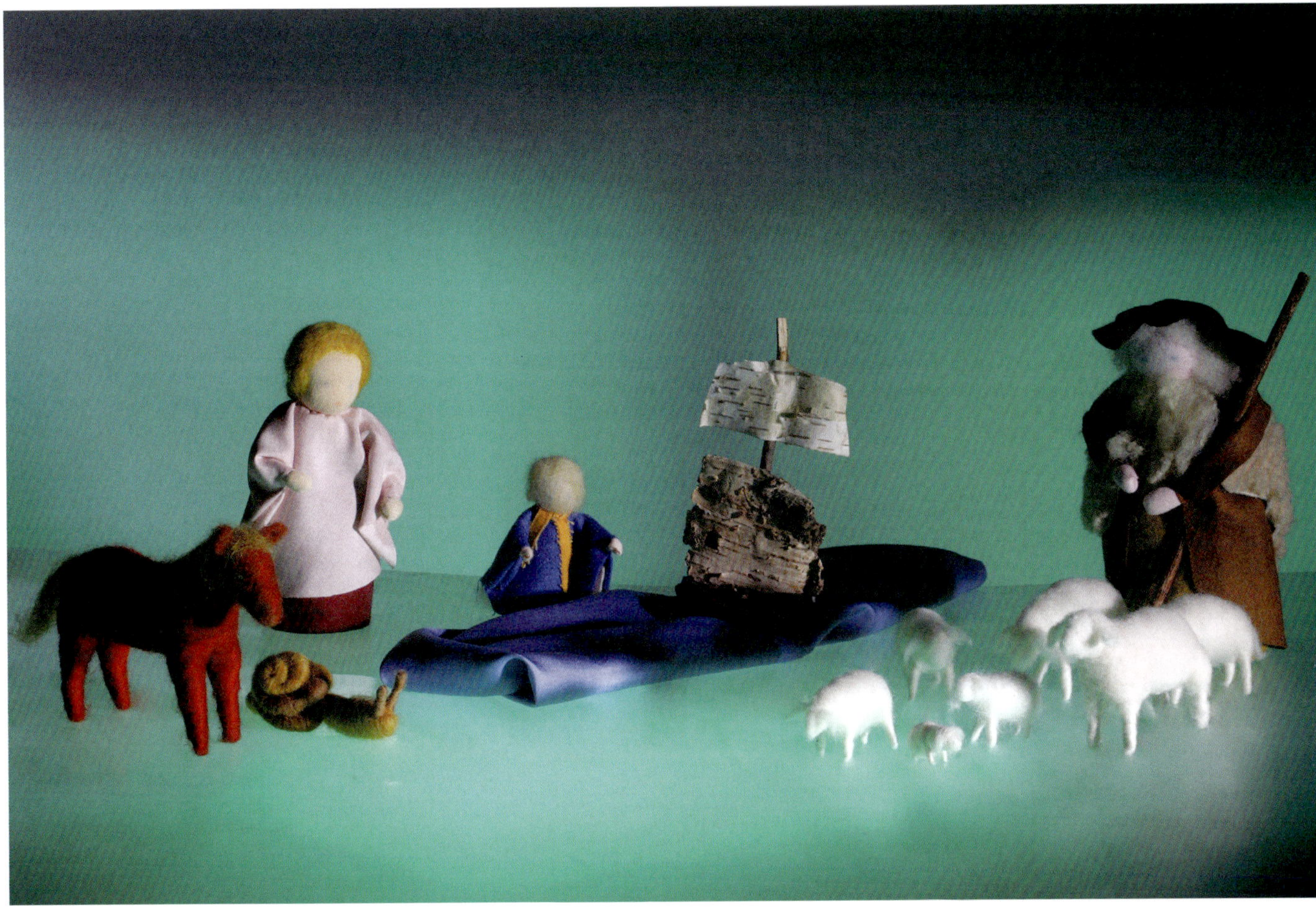

Figuren zu der Geschichte «Vom Büblein, das überall mitgenommen hat sein wollen»[1]

Frosch

Der Frosch kann gut mit Biegeplüsch gearbeitet werden. Achtung: Die Maße gelten hierbei stets vom inneren Draht zu Draht. Es wird nicht der Plüschrand beim Messen berücksichtigt.

Material:

Großer Frosch:
50 cm Biegeplüsch für Leib und Hinterbeine
28 cm Biegeplüsch für die Vorderbeine

Mittelgroßer Frosch:
45 cm Biegeplüsch für Leib und Hinterbeine
25 cm Biegeplüsch für die Vorderbeine

Kleiner Frosch:
28 cm Biegeplüsch für Leib und Hinterbeine
16 cm Biegeplüsch für die Vorderbeine

5 – 15 g grüne Vlieswolle

Drahtgestell

Mit dem längeren Biegeplüsch formen wir nach den neben stehenden Maßen zuerst die Schlinge für den Leib, machen eine feste Umdrehung und biegen dann die Hinterbeine wie abgebildet.

Dann legen wir das kürzere Stück Biegeplüsch quer über die Leibschlinge, sodass beide Enden nach außen gleich lang sind. An der Stelle, wo der Draht die Leibschlinge kreuzt, wickeln wir einmal den Beindraht fest um und biegen dann entsprechend die Vorderbeine.

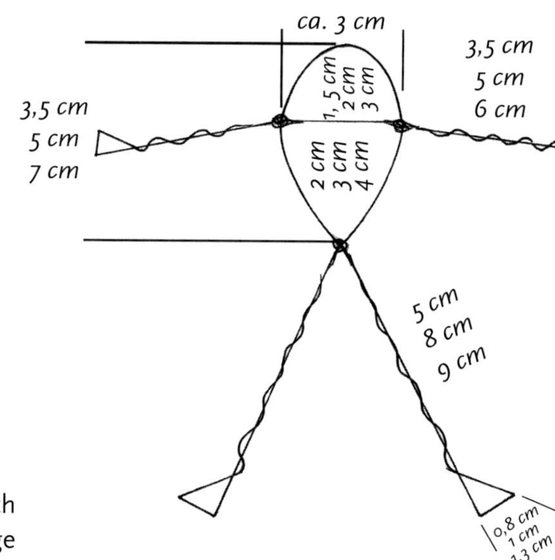

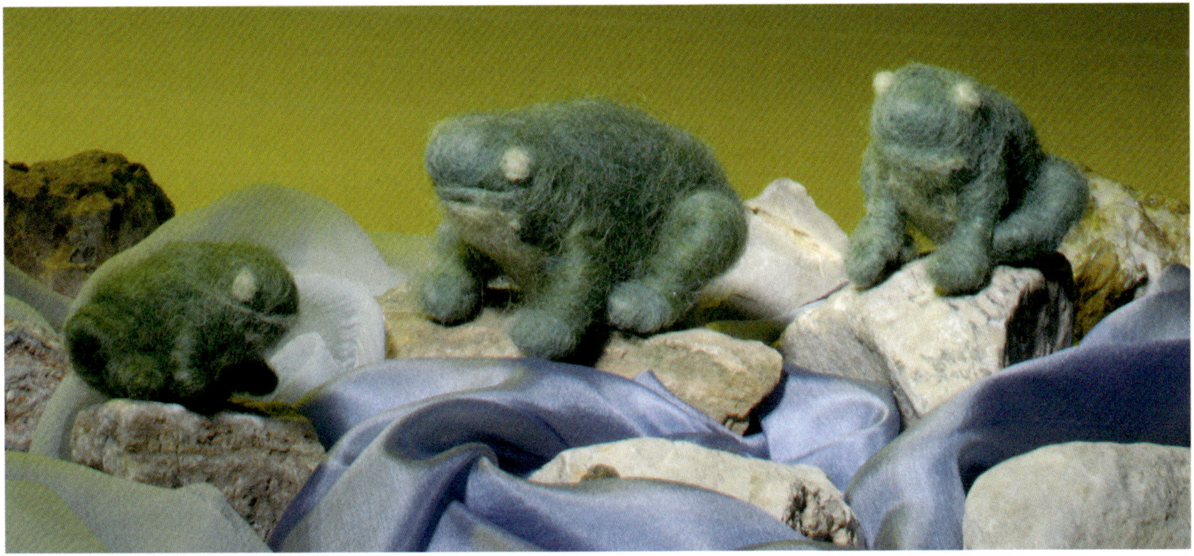

Umwickeln

Zuerst werden die Fußschlingen mit einem sehr dünnen Wollstrang einzeln umwickelt, und dann umwickeln wir diese noch einmal im Ganzen, ehe dann die Beine jeweils umwickelt, werden. Die Hinterbeine werden an den Schenkelchen sehr dick.

Den **Körper** füllen wir zunächst einmal mit Achterschlingen (siehe S. 12). Dann nehmen wir ein dünnes, breit gezupftes, längeres Vliesstück und wickeln es von der Bauchseite über das Hinterteil, den Rücken, den Kopf wieder zum Bauch zurück. Falls erforderlich noch ein zweites Mal.

Mit wenigen Stichen oder der Filznadel befestigen wir die Wolle und geben dabei der Froschgestalt noch den letzten Schliff. Dann biegen wir die **Beine** in die typische Haltung eines Frosches. Dadurch entsteht dann die ovale **Rückenform**, die in der Mitte breit, nach vorne und hinten schmaler wird.

Aus zwei kleinen hellen Wollflüschen formen wir winzige Kügelchen als **Augen**, die wir aufnähen oder auffilzen.

Zum Schluss befestigen wir noch auf der **Bauchseite** ein hauchdünnes gelbes Wollflöckchen, das bis an das Maul reicht.

Igel

Material:

nur etwas braune oder braungraue Vlieswolle

Der Igel hat kein Drahtgestell. Wir formen aus etwas Vlieswolle zunächst eine Eiform in gewünschter Größe, die wir auf der Unterseite mit der Filznadel abflachen, damit eine gute Standfläche entsteht.

Mit der Filznadel formen wir auch das **Schnäuzchen** heraus. Dann befestigen wir zwei sehr winzige dunkle Wollkügelchen in den entstandenen Augenhöhlen und am Schnäuzchen.

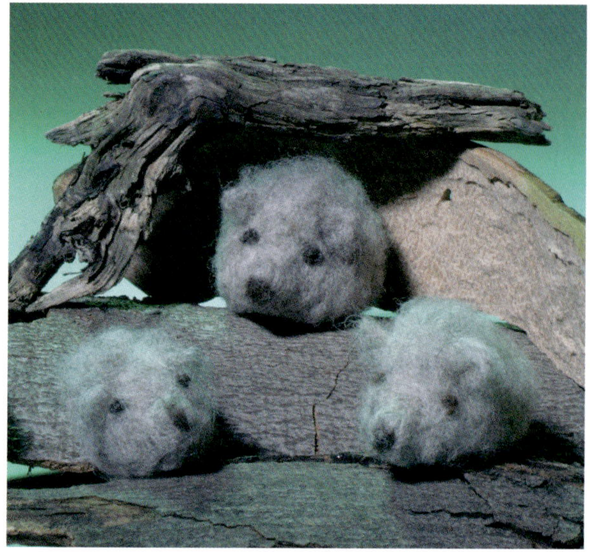

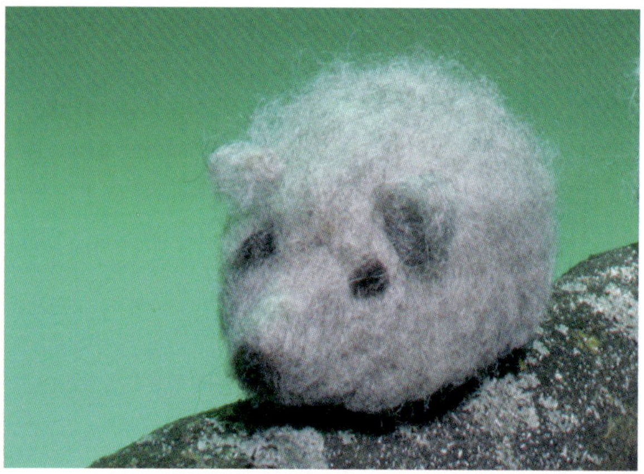

Für die **Ohren** ziehen wir einen entsprechend kleinen Wollstrang durch und filzen sie in die typische Form, d.h. kurz, breit und ganz leicht spitz.

Zum Schluss lockern wir mit einer spitzen Nadel die ganze Igeloberfläche ein wenig auf, wodurch das typisch Igelhafte angedeutet wird.

Maus

Material:

16 cm Biegeplüsch für den Rumpf
(4,5 cm Biegeplüsch für die Vorderbeine)
(5 cm Biegeplüsch für die Hinterbeine)

Das Drahtgestell besteht nur aus einer einfachen ovalen Schlinge. Zuerst umwickeln wir den Draht an der Schwanzseite. Dann füllen wir den **Leib** mit Achterschlaufen (siehe auch S. 12) und umwickeln ihn bis zur befriedigenden Dicke im Ganzen, nach hinten dicker werdend. Als letzte Schicht legen wir eine sehr dünne, breit gezupfte Flocke über den ganzen Rumpf und befestigen sie unter dem Bauch.

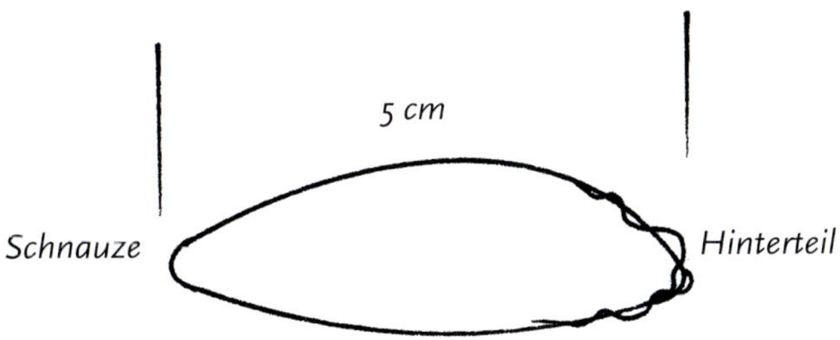

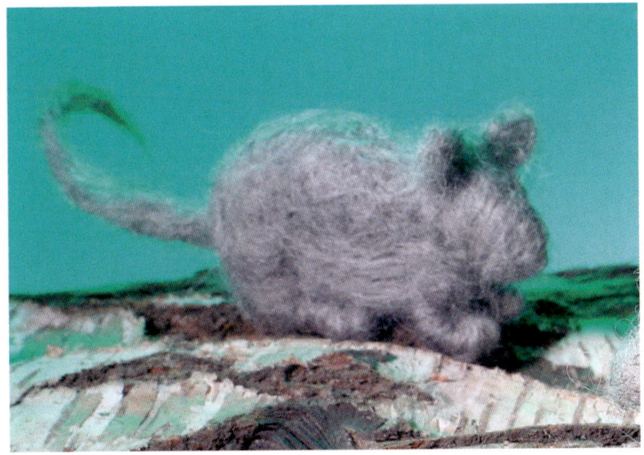

Wer an der Maus **Beine** haben will, bohrt sich mit der Sacknadel vorne und hinten ein Loch durch den Leib und zieht den Biegeplüsch hindurch. Dann werden die Beinchen umwickelt und in die gewünschte Position gebogen.

Die **Ohren** ziehen wir mit einer kleinen Wollflocke ein und filzen sie schön rund mit der Filznadel oder zwischen den Fingern.

Den **Schwanz** formen wir aus einem ca. 9 cm langen, zum Ende dünner werdenden kleinen Wollstrang, den wir mit wenigen Stichen befestigen oder anfilzen.

Wildschwein

Material:

85 cm Draht
ca. 20 g dunkelgraue Wolle

Nach den Maßangaben formen wir das Drahtgestell (siehe Grundmodell, S. 10). Beim Umwickeln (siehe auch S. 12) beachten wir, dass die **Schnauze** ziemlich lang und fast rüsselartig ist.

Der **Rumpf** ist – besonders im vorderen Bereich – sehr kräftig.

Die **Ohren** sind kurz (ca. 1,5 cm) und eher rund als spitz. Sie stehen hoch.

Der **Schwanz** ist kurz (ca. 3 – 4 cm) und fransig und nicht geringelt wie beim Hausschwein.

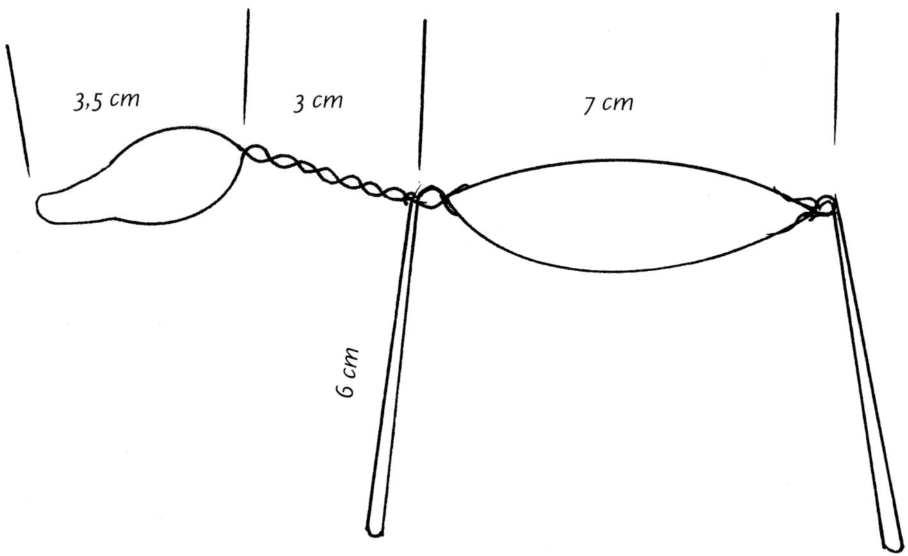

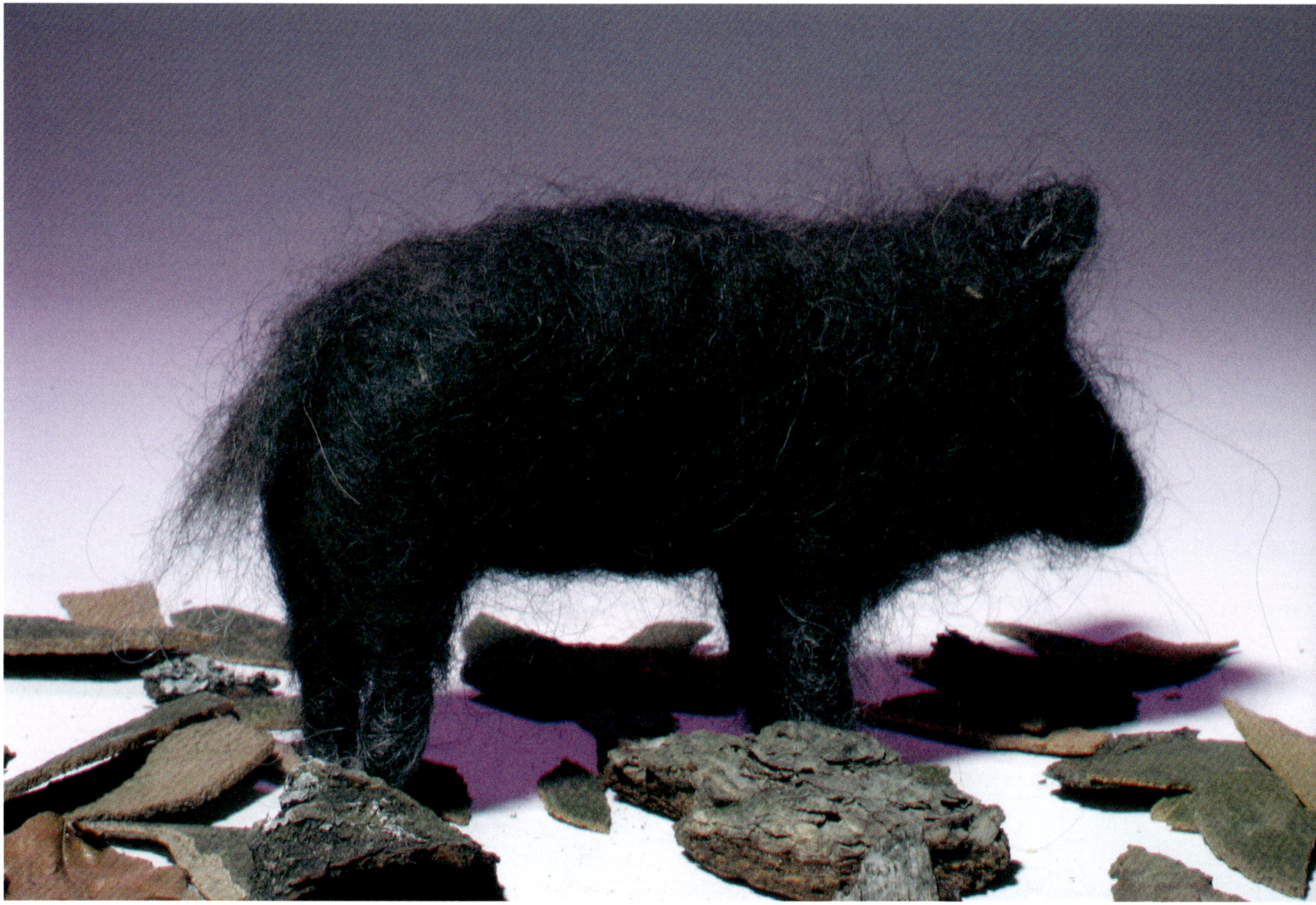

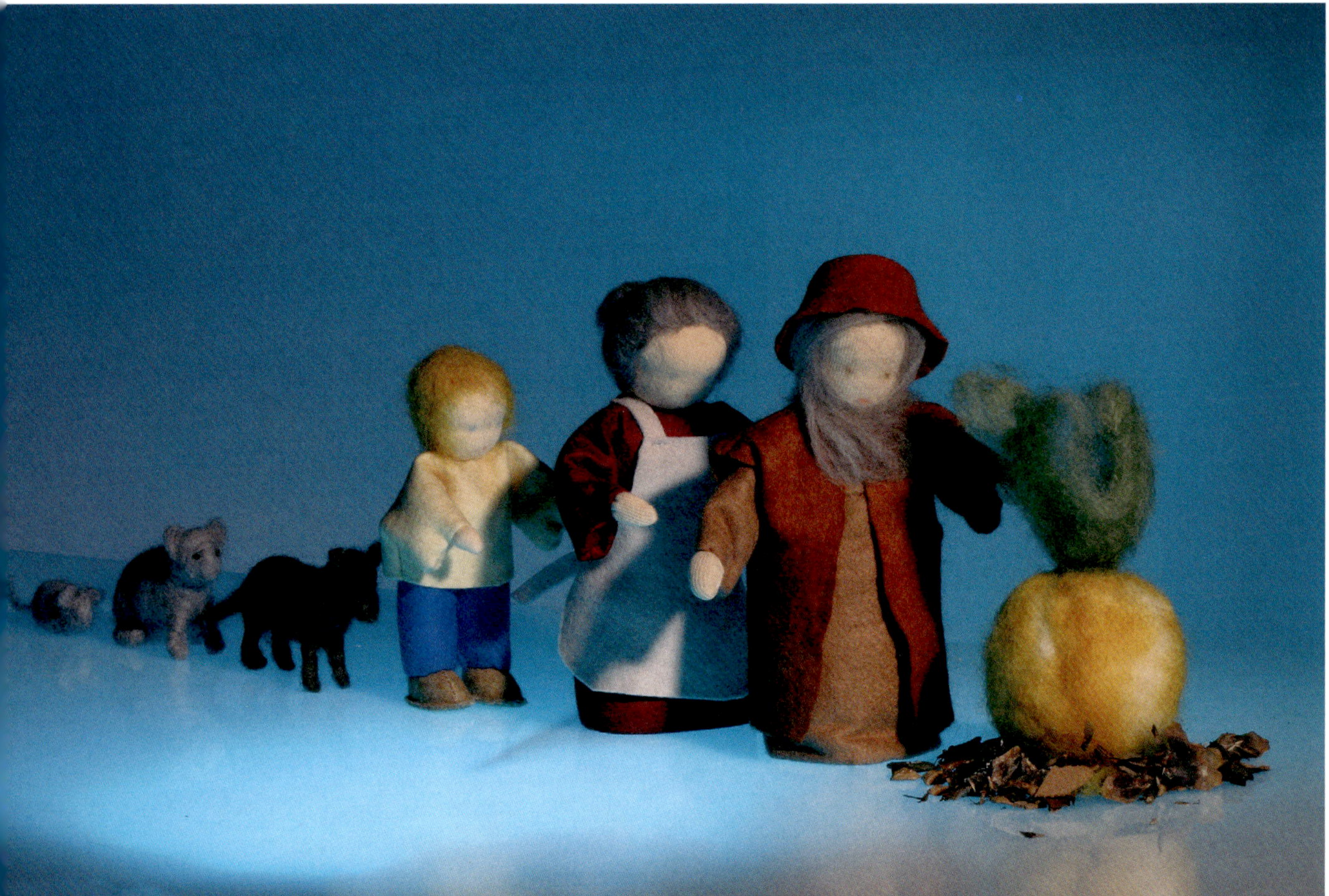

 Figuren zu der Geschichte «Vom Rübchen»[1]

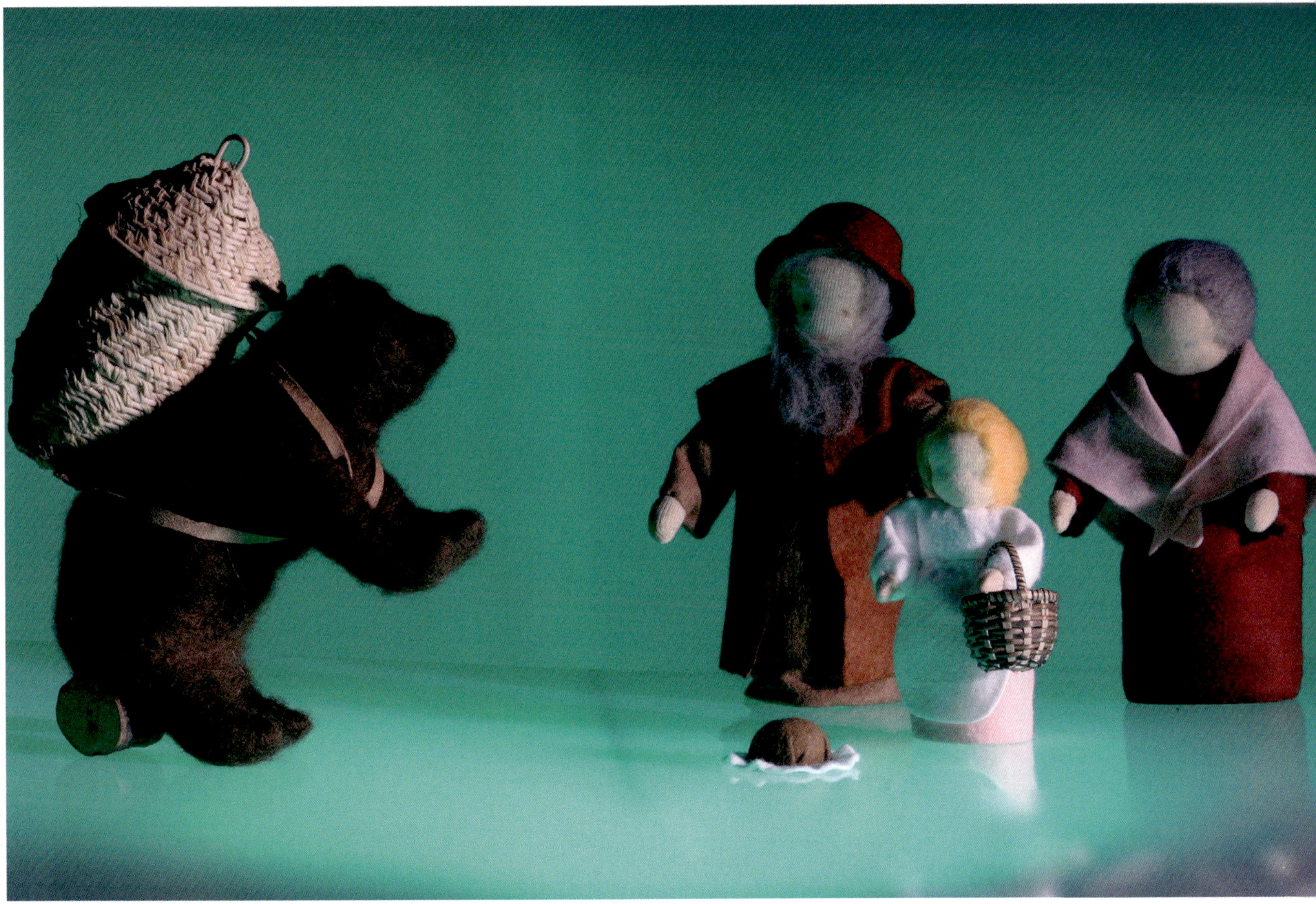

Figuren zu der Geschichte «Maschenka und der Bär»[2]

Anhang:

Einige Tiere als Vorlagen

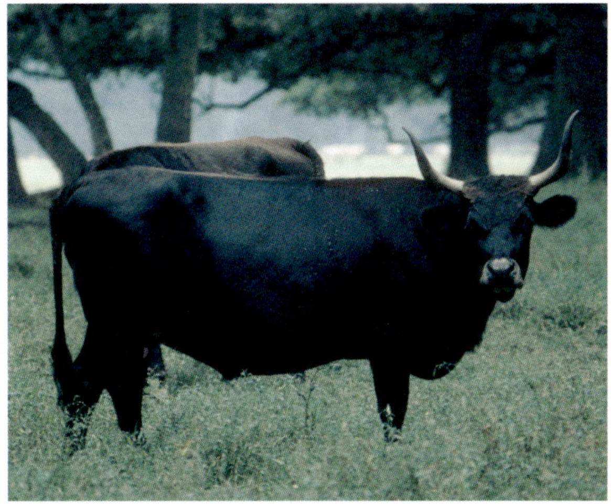

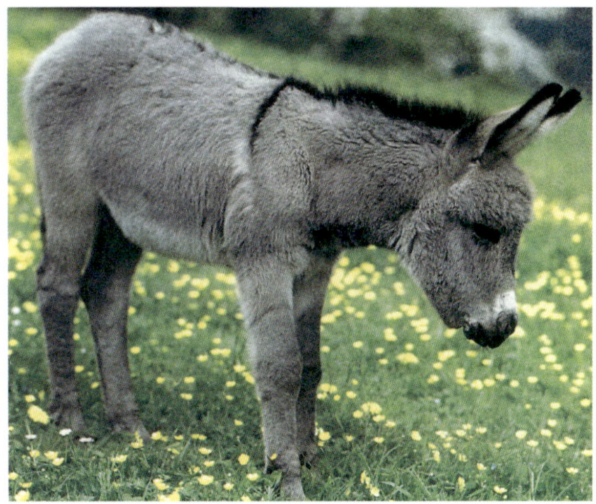

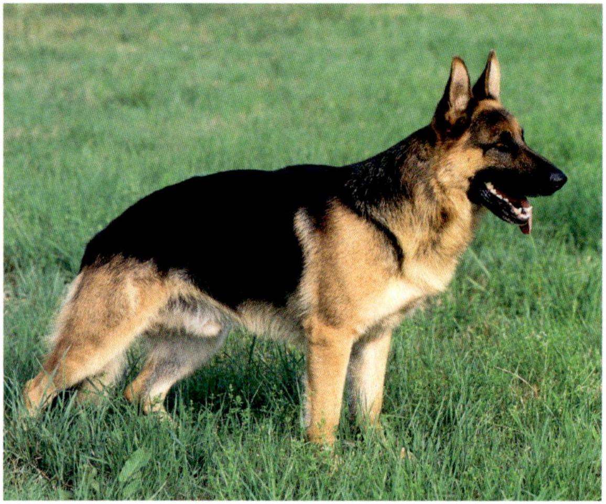
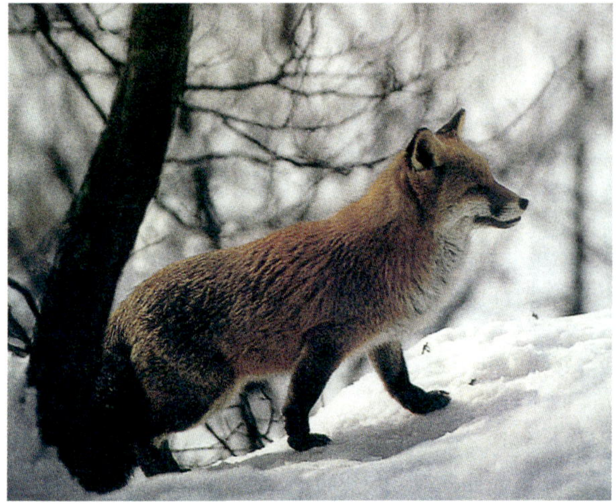
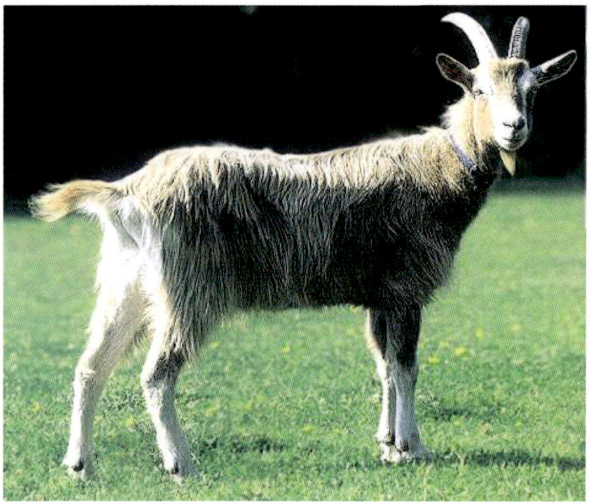
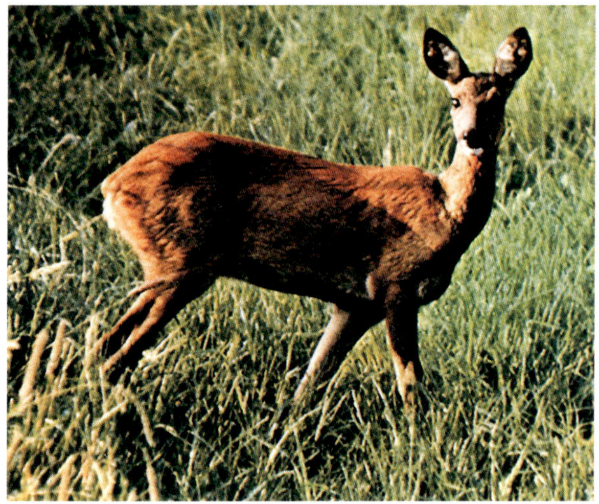

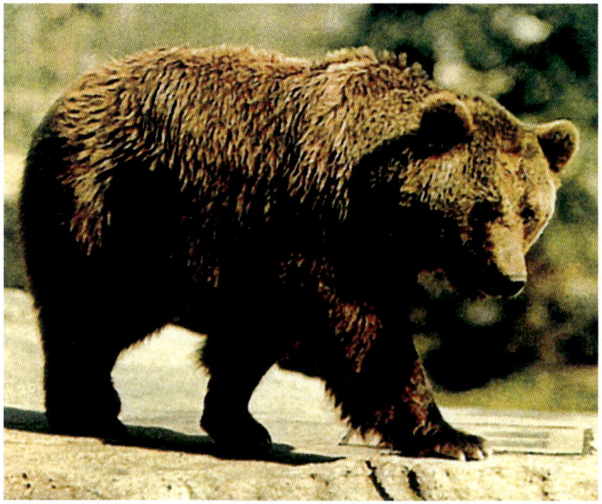

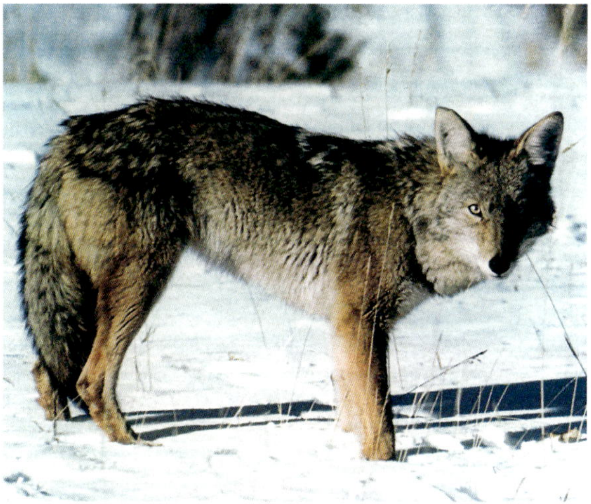

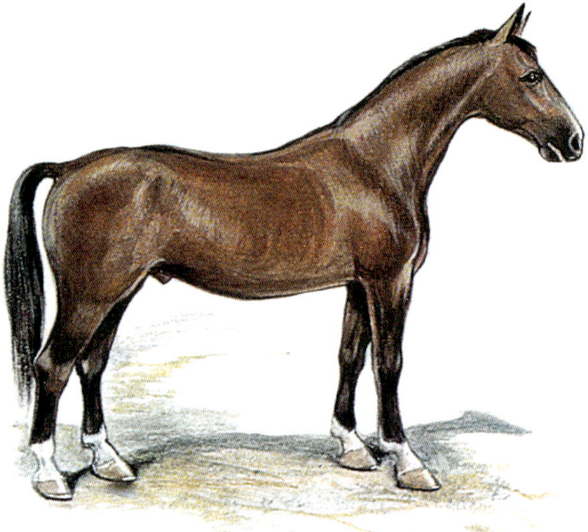

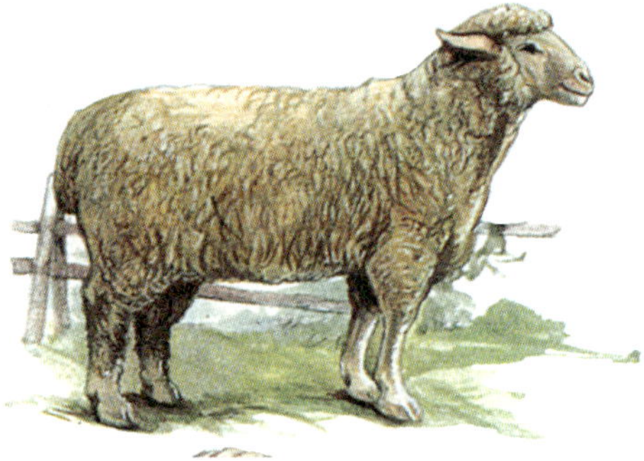

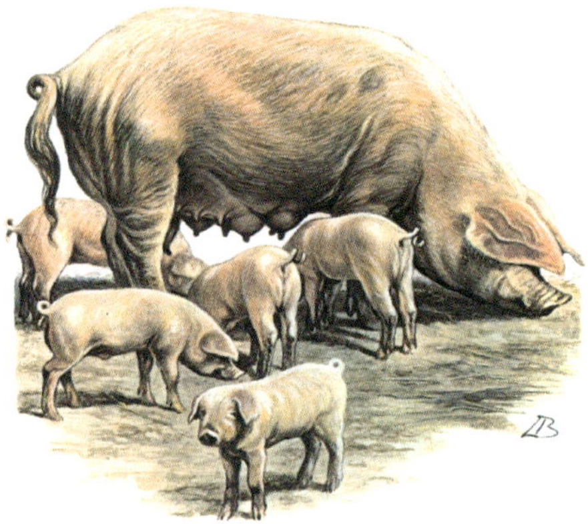

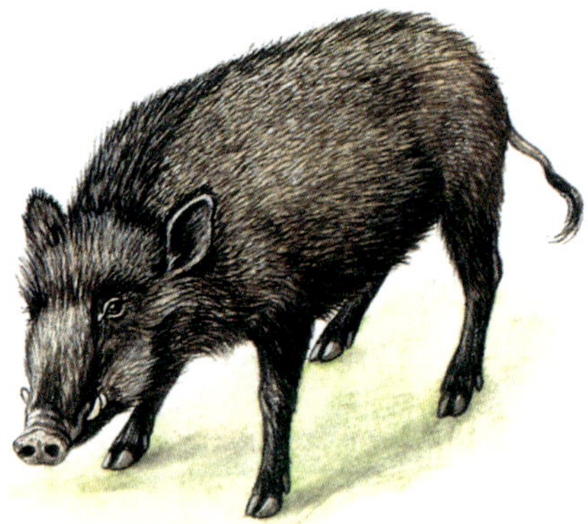

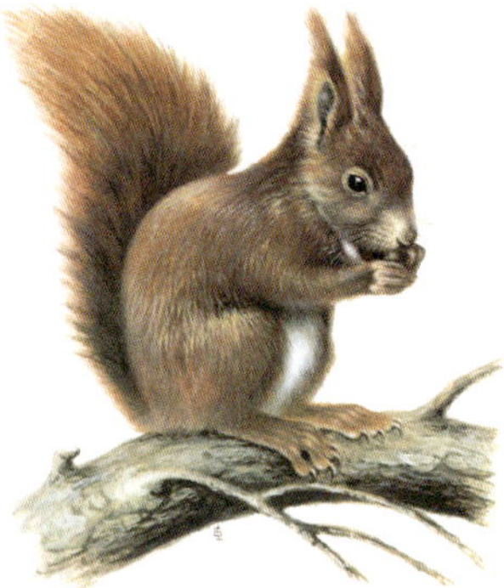
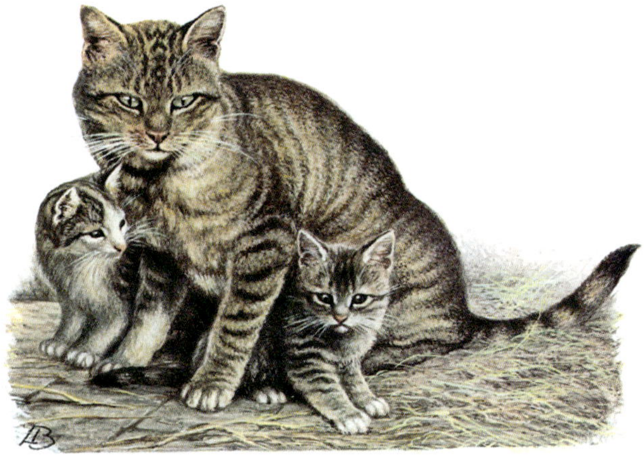
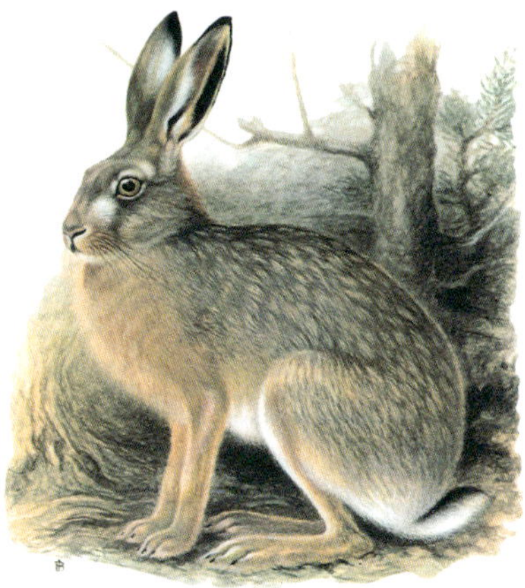
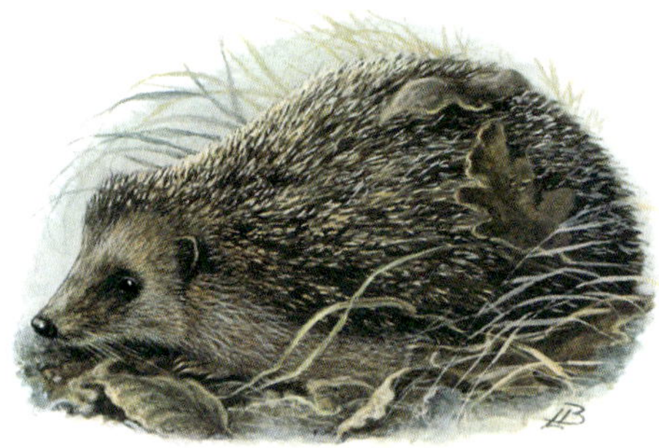

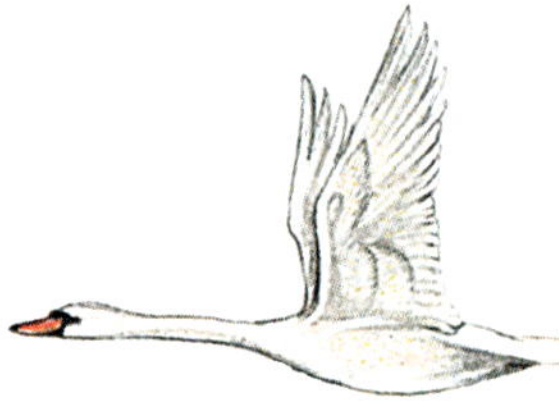
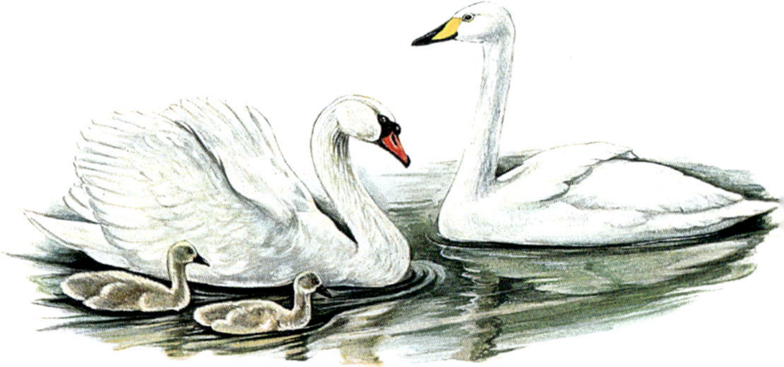
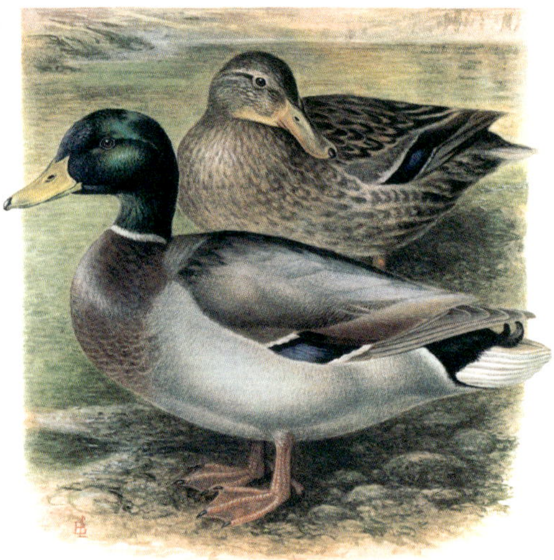
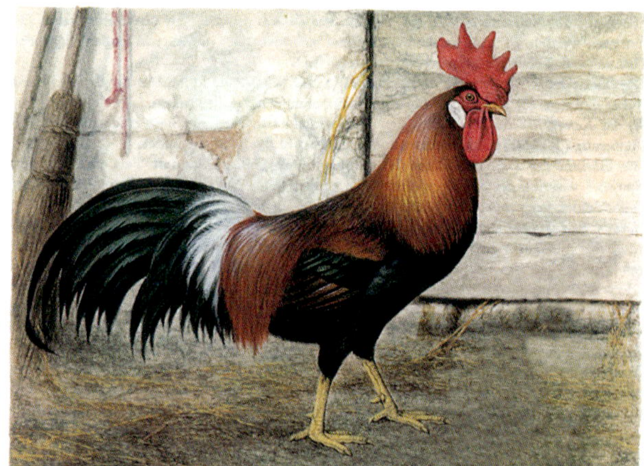

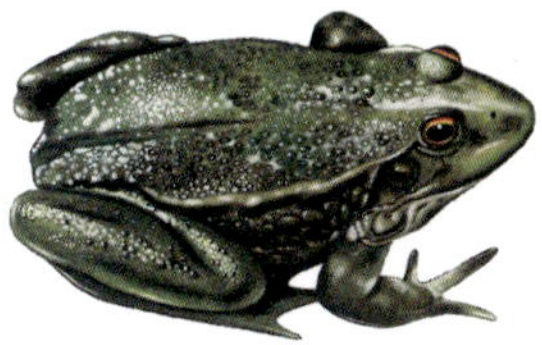

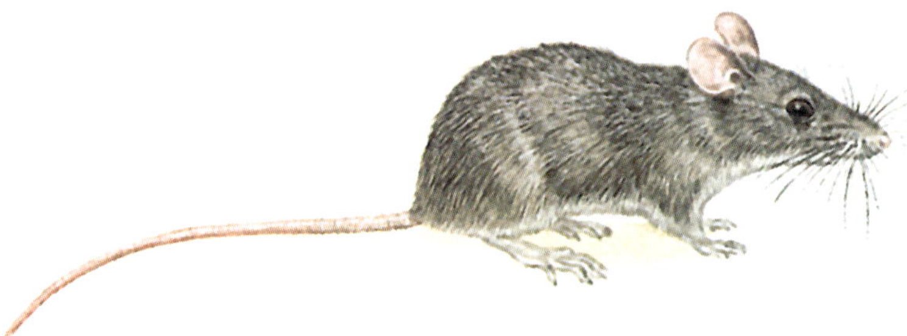

Literatur

1 Freya Jaffke (Hrsg.), *Kleine Märchen und Geschichten zum Erzählen und für Puppenspiele*, Arbeitsmaterial aus den Waldorfkindergärten 5, Stuttgart [15]2026.

2 Bronja Zahlingen, *Hänschen Apfelkern. Kleine Märchen und Geschichten zum Erzählen und Spielen*, Arbeitsmaterial aus den Waldorfkindergärten 8, Stuttgart [13]2022.

3 Freya Jaffke, *Spielzeug von Eltern selbst gemacht*, Arbeitsmaterial aus den Waldorfkindergärten 1, Stuttgart [24]2026.

4 Freya Jaffke, *Puppenspiel. Anleitung für die Einrichtung verschiedener Spielmöglichkeiten und die Herstellung einfacher Figuren*, Arbeitsmaterial aus den Waldorfkindergärten 7, Stuttgart [4]2009.

5 *Das Häschen und die Rübe.* Ein chinesisches Märchen mit Bildern von Roswitha Grüttner, Parabel Verlag, München.

Bezugsquellen

Ungesponnene Wolle im Vlies:

- Seehawer Naturfasern: www.naturfasern.eu (mit Bezugsquellen)

Farbige Wolle (Märchenwolle):

- Wollmanufaktur Filges, Otto-Hahn-Straße 5, 49134 Wallenhorst
  www.wollmanufaktur-filges.de

Filznadeln und andere Hilsmittel:

- De Wullstuuv
  Kronsburger Redder 18, 24796 Bredenbeck
  www.dewullstuuv.de

Hobby- oder Handwerkernadeln:
im Kurzwarenhandel

Biegeplüsch:
in Bastel- und Hobbyläden

Spanndraht (kunststoffummantelt, ø 1,4 mm), kleine Flachzange:
im Handel für Handwerker- und Gartenbedarf

Die Autorin

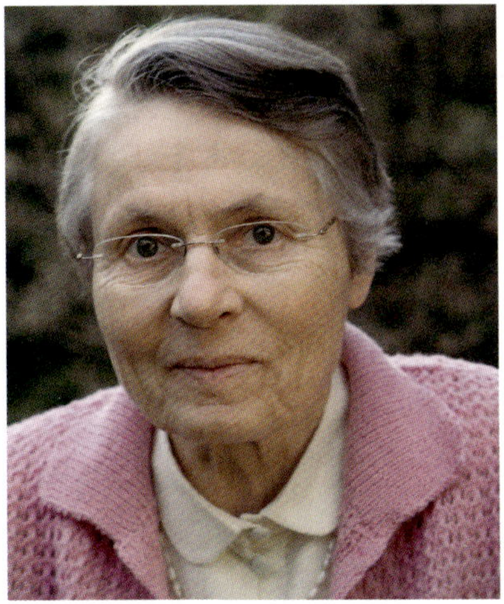

Freya Jaffke, 1937–2021, war erfahrene Waldorfkindergärtnerin. Von 1960 bis 1990 war sie im Waldorfkindergarten der Freien Georgenschule Reutlingen tätig. Von 1964 bis 1966 besuchte sie zwischenzeitlich die Höhere Fachschule für Sozialpädagogik, Köln, um die Unterrichtsberechtigung an Fachschulen zu erwerben. Berufsbegleitend unterrichtete sie ab 1971 am Waldorfkindergartenseminar in Stuttgart. 1990 wurde sie von der Kindergartenarbeit freigestellt, um an Waldorfkindergartenseminaren weltweit zu unterrichten.
Im Verlag Freies Geistesleben sind u.a. folgende Bücher erschienen: *Spielzeug – von Eltern selbst gemacht; Puppenspiel; Tanzt und singt!; Spiel mit uns; Spielen und arbeiten im Waldorfkindergarten; Advent; Gestalten mit farbiger Wolle; Mit Kindern malen; Feste in Kindergarten und Elternhaus I und II; Fröhliche Puppen selbst gemacht; Holzspielzeug selbst gestalten; Tiere für Puppenspiele.*

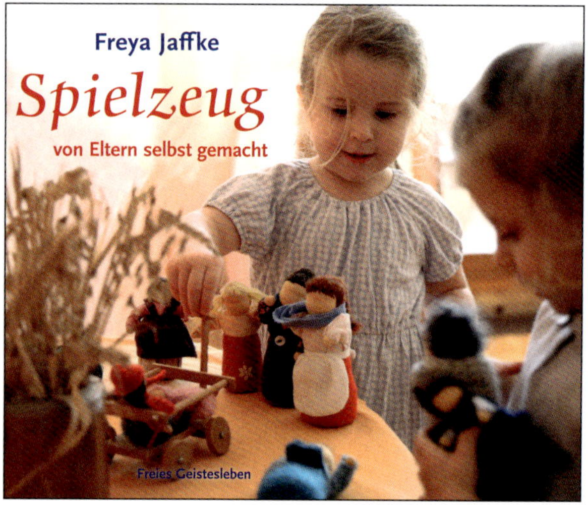

Freya Jaffke

Spielzeug – von Eltern selbst gemacht

Arbeitsmaterial aus den Waldorfkindergärten 1

157 Seiten, durchgehend farbig, kartoniert

Der Spielzeug-Klassiker in einer farbig illustrierten Neuausgabe.
Hier lernen Eltern, wie sie einfaches Spielzeug, das die kindliche Fantasie zum Spielen anregt, selber machen können.

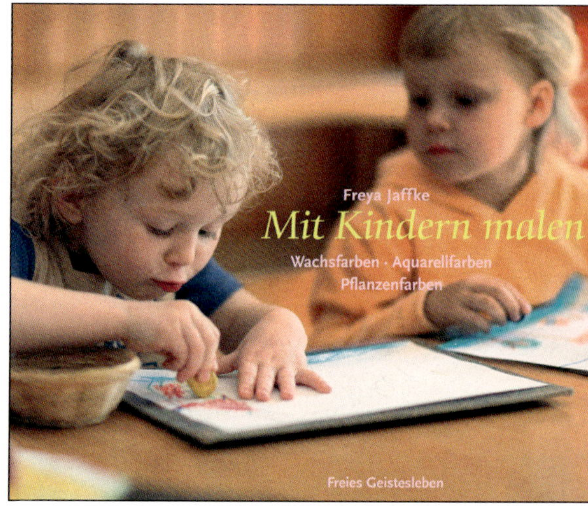

Freya Jaffke

Mit Kindern malen

Wachsfarben · Aquarellfarben · Pflanzenfarben

Arbeitsmaterial aus den Waldorfkindergärten 20

79 Seiten mit farbigen Abbildungen, kartoniert

Mit ihrem Malbuch will die erfahrene Waldorfkindergärtnerin und Dozentin Freya Jaffke das Malen mit Wachs-, Aquarell- und Pflanzenfarben anregen. Dabei erhält der Erwachsene zahlreiche Hinweise, wie er selbst mit diesen Farben umgehen kann, damit die Kinder durch sein Vorbild zur eigenen Tätigkeit animiert werden.

Verlag Freies Geistesleben

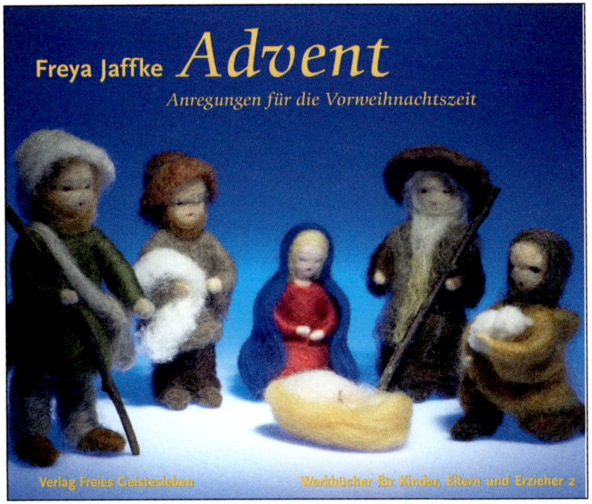

Freya Jaffke
Advent
Anregungen für die Vorweihnachtszeit
Werkbücher für Kinder, Eltern und Erzieher 2
119 Seiten, durchgehend farbig, kartoniert

Vom Adventskalender über Sterne, Transparente und Lämpchen bis zu Krippenfiguren und Krippengärtchen – wer die Adventszeit mit Kindern festlich gestalten möchte, findet hier zahlreiche Anregungen zum Basteln. Die Kinder können dabei oft in die Bastelarbeit einbezogen werden.

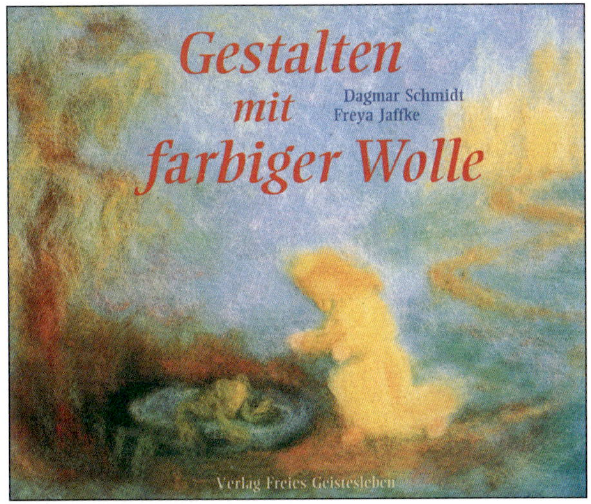

Dagmar Schmidt / Freya Jaffke
Gestalten mit farbiger Wolle
Werkbücher für Kinder, Eltern und Erzieher 12
75 Seiten, mit zahlreichen farbigen Abbildungen, kartoniert

Die Autorinnen geben Anleitungen zum Märchenbilderlegen für Anfänger und Fortgeschrittene. Es handelt sich dabei um einfache, immer wieder veränderbare Bilder aus Märchenwolle, wie Kinder sie legen, aber auch um differenziertere Arbeiten, die von Erwachsenen gestaltet werden.

Verlag Freies Geistesleben

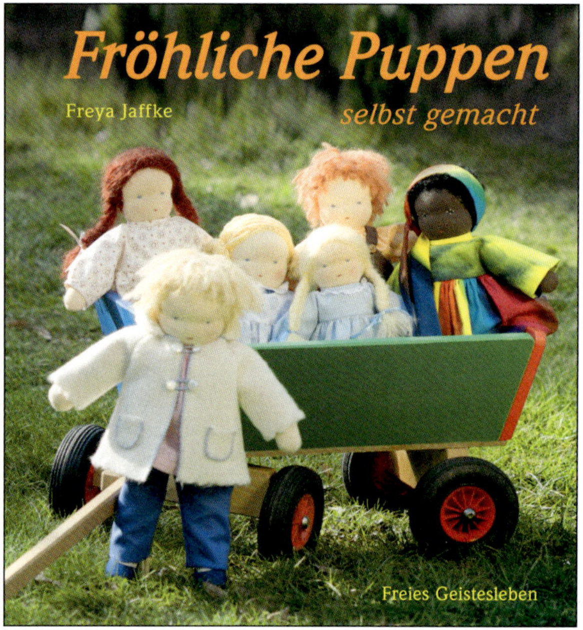

Freya Jaffke
Fröhliche Puppen – selbst gemacht
104 Seiten, durchgehend farbig,
gebunden

Dieses Buch enthält übersichtliche, leicht verständliche Anleitungen, wie man verschiedene Stoffpuppen selber nähen kann: von der einfachen Knotenpuppe bis zur inzwischen weltweit bekannten Waldorfpuppe. Zudem finden sich zahlreiche Vorschläge für Kleider, Kopfbedeckungen und Schuhe. Die vielen stimmungsvollen Fotos regen unmittelbar dazu an, selbst eine schöne, individuelle Puppe zu gestalten.

Verlag Freies Geistesleben